Hinweise auf **Mobile** Zusatzmaterialien finden sich im hinteren Teil des Buches.

Mobile 3

Lesebuch

westermann

Inhalt

Die Dschungelstadt

Ich bin Marie.
Mein Freund Moritz und ich waren im Zirkus.
Die Zirkusvorstellung war toll!
Die Elefanten-Nummer hatte uns am besten gefallen:
Elefanten, die lesen können.
Das war etwas ganz Besonderes.

Nach der Vorstellung schlichen Moritz und ich
heimlich zum Elefantenkäfig, weil wir
die beiden Elefanten noch einmal
ganz genau anschauen wollten.
Da waren sie, Simba und Jumbo,
riesig groß mit gewaltigen Ohren
und langen Stoßzähnen.

Aber was war da los?
Simba drückte mit ihrem Rüssel die Käfigtür auf!
Jemand hatte vergessen den Riegel vorzuschieben.
Moritz wollte gerade laut um Hilfe rufen,
als Simba und Jumbo ihren Rüssel um uns legten
und uns einfach auf ihre breiten Rücken hoben.

„Keine Angst!", beruhigte Jumbo uns.
„Ihr dürft uns nicht verraten.
Wir haben großes Heimweh und wollen nach Hause.
Wir zeigen euch unsere Dschungelstadt Salambo,
wo wir so gut lesen gelernt haben."

Klar sind Moritz und ich mitgekommen.
Aber etwas unheimlich war uns
die ganze Geschichte schon.

Wir ritten immer in der Nacht,
damit wir nicht gesehen wurden.
Nach einer Woche kamen wir zu einem großen Baumtor.
„Hereinspaziert!", rief Simba.
„Das ist der Eingang in unsere Dschungelstadt Salambo".

Eintritt in die Dschungelstadt

Wir ritten durch das Tor hindurch.
Plötzlich hörten wir ein lautes Knacken
aus dem Dschungel.
Wir erschraken! Was war das –
ein Löwe oder ein Tiger?
Eine laute Stimme rief:
„Hallo, Simba und Jumbo!
Wen habt ihr denn da mitgebracht?"

Vor uns stand ein frecher kleiner Elefant.
„Hallo Mambo", sagte Simba,
„das sind Marie und Moritz.
Sie wollen Salambo kennen lernen."
„Hallo ihr beiden!", rief Mambo.
„Alle Besucher müssen bei uns zuerst
eine Karte ausfüllen!"
Blitzschnell trompetete Mambo,
was auf der Karte stand:

Genauso wie Mambo das vorgelesen hatte,
stand es wirklich auf der Karte.
Moritz und ich konnten es aber trotzdem lesen.
Wir füllten die Besucherkarte aus und gaben sie Mambo.

Wer wohnt denn in Salambo?

Mambo brachte uns zu einem Baumhaus.
„In Salambo gibt es für jeden Elefanten eine Karte“, sagte Jumbo. „Auf der Karte steht der Name, der Beruf und die Anschrift von jedem Bewohner.“

„Marie, zeig mir mal, wie gut du lesen kannst!“, rief Mambo.
„Wo wohnt Sirta und welchen Beruf hat sie?“
Ich fand schnell die richtige Antwort.
Moritz konnte auch sagen,
wie Drago mit Nachnamen heißt und wo er wohnt.
Mambo zeigte uns, wo im Baumhaus der Platz
für die Besucherkarten war und ordnete unsere Karten ein.

Der Chef bin ich

Simba und Jumbo ritten mit uns auf einen riesigen Platz vor einem sehr schönen Haus.
Drinnen saß ein elefantengroßer Bürgermeister-Elefant auf einem elefantenhinternbreiten Chefsessel.
Zur Begrüßung trompetete er laut und elefantenherzlich.
„Ich habe eine Begrüßungsrede für euch geschrieben."
Dann las er seine Rede schnell und ohne Pausen vor.

Liebe Kinder ich begrüße euch herzlich in der Dschungelstadt
Salambo ich bin die wichtigste Person hier in der Stadt ich bin
der älteste und stärkste Elefant und leite die ganze Herde
alle Futterstellen kenne ich und weiß wo es Wasser gibt die
jungen Elefanten warne ich bei Gefahr mit meinen starken
Kühen und Bullen beschütze ich sie habt ihr noch Fragen sonst
wünsche ich euch einen interessanten Aufenthalt hier

Moritz und ich hatten den Bürgermeister-Elefanten kaum verstanden.
Deshalb gab er uns seinen Zettel mit der Rede.
„Die Elefanten schreiben ihre Texte aber komisch auf", sagte Moritz.
Wir mussten die Rede ein paar Mal durchlesen, bis wir sie endlich verstehen konnten.

Neuigkeiten aus der Dschungel-Zeitung

Wir kamen zu einer Dschungelhütte.
Dort staunten wir ganz schön!
Ein Elefant mit superbreiter Brille
saß hinter einem superbreiten Schreibtisch
und las eine superbreite Zeitung
mit superlangen Zeilen.

Dschungel-Zeitung

Zwei Kinder aus Europa zu Besuch in der Dschungelstadt Salambo!

Simba und Jumbo haben vor einer Woche den Zirkus verlassen, weil sie großes Heimweh nach Salambo hatten. Gestern sind sie in der Dschungelstadt eingetroffen. Sie haben zwei Kinder aus Europa mitgebracht. Die Kinder heißen Marie und Moritz. Sie wollen Salambo kennen lernen und erfahren, wie Elefanten lesen lernen. Wenn alles gut geht, sind sie morgen Früh in unserer Schule. Dort zeigen ihnen dann die Elefantenkinder, wie gut sie lesen können. Ein Reporter unserer Zeitung wird in der Schule sein und von den Ereignissen dort genau berichten. Wir sind sehr gespannt und wünschen Marie und Moritz einen schönen Aufenthalt in unserer Dschungelstadt.

Für Moritz und mich war es gar nicht so leicht,
diese langen Zeilen zu lesen.
Aber wir waren natürlich sehr stolz darauf,
dass die Dschungel-Zeitung über uns berichtete.

Bananenbrotbuchstaben

Die Elefantenkinder saßen in der Elefantenschule.
Mambo war auch da und rief ganz laut:
„Da sind Marie und Moritz!"
Die Elefantenkinder streckten ihre Rüssel in die Luft
und begrüßten uns mit einem lauten Trompeten.
Was für ein toller Empfang!
Die Lehrerin hatte Buchstaben aus Bananenbrot gebacken
und damit einen Lesetext gelegt.

.l.fant.n hab.n vi.l. F.ind.:
L.opard.n, Löw.n und Tig.r wart.n,
bis .in jung.r .l.fant am Wass.r spi.lt
od.r all.in hint.r d.r H.rd. h.rtrott.t.
Dann könn.n si. ihn l.icht jag.n.
Noch g.fährlich.r ab.r sind di. M.nsch.n.
Si. woll.n di. schön.n w.iß.n Stoßzähn.
hab.n, um daraus Schmuck zu mach.n.
Obwohl di. Jagd auf .l.fant.n
v.rbot.n ist, w.rd.n si. imm.r noch
von M.nsch.n g.töt.t.

Die Buchstaben **E e** gefielen einem Elefantenkind
so gut, dass es einfach alle auffraß.
Aber Moritz und ich konnten den Text trotzdem vorlesen.

Jetzt durften wir zusammen
mit den Elefantenkindern
alle Bananenbrotbuchstaben aufessen.
Mmm, das schmeckte wirklich gut!

Rätsel in der Lesestunde

Dann wollten uns die Elefantenkinder
ein Rätsel vorlesen.
Das klappte auch schon ganz gut.
Nur am Ende jeder Zeile machten einige
noch immer eine ziemlich lange Pause.

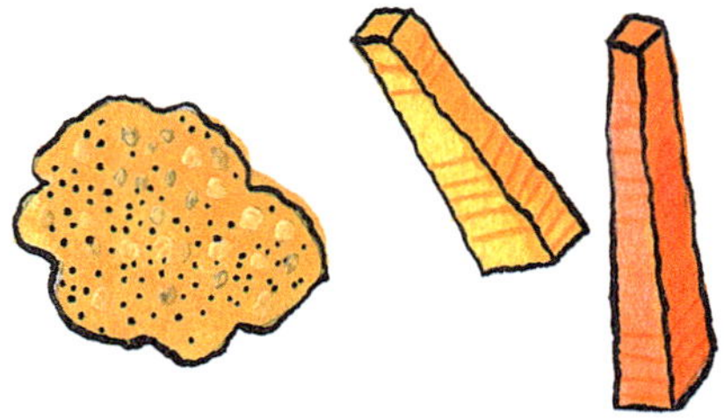

Wer bin ich?

Ich lebe in Afrika. Mein Körper ist groß und schwer. Ich kann gut schwimmen und fünf Minuten lang tauchen. Am liebsten fresse ich Wasserpflanzen und Gräser. Ich wälze mich gern im Schlamm. So kann ich meine graue Haut vor der Sonne und vor Insekten schützen. In meinem Namen steckt das Wort Pferd.

Moritz und ich konnten das Rätsel schnell lösen.
Es war für uns aber auch noch schwierig,
den Text gut vorzulesen.
Zusammen mit den Elefantenkindern übten wir,
wie man das Rätsel vorlesen muss,
ohne am Ende der Zeile zu stocken.

Lesewettbewerb

Die Elefantenkinder machten uns einen Vorschlag:
„Lasst uns einen Lesewettbewerb machen!
Erst schreiben wir eine Aufgabe an die Tafel,
die ihr lösen müsst“, sagten die Elefantenkinder.
„Und dann müsst ihr eine Aufgabe von uns lösen“,
meinten Moritz und ich.

Hase Rose Ohr
Sand Kater Sieb
Wolle Buch Kopf

„Ihr müsst ein Wort lesen
und den ersten Buchstaben ändern.
Wie heißt das neue Wort?“

Hahn Wand Buch
Rosen Tische Hund
Rübe Tor Blei

„Ihr müsst ein Wort lesen
und den zweiten Buchstaben
austauschen.
Wie heißt jetzt das neue Wort?“

BROT KEULE GIRAFFE
GRABEN REIS TASCHE
PFLICHT MOTOR

„Ihr müsst ein Wort lesen
und herausfinden,
welches andere Wort in ihm steckt.“

IHRS EIDWIR KLICHSCHN ELLE LES ER.
WIRGRA TULIER ENEU CHHER ZLICH.

„Was ist hier passiert?
Lest den Satz richtig vor.“

Weltreise Reisegruppe Gruppenspiel Spiel...

„Wie geht die Wörterkette weiter?
Findet passende neue Wörter.“

Blitzschlagzeug
Giftzahnärztin
Sonnenbrillenschlange
Wolkenbruchbude
Radiergummibaum
Löschblattlaus

„Achtung, aufgepasst!
In jedem langen Wort
stecken hier zwei Wörter.
Sie haben immer ein Wort
gemeinsam.
Findet ihr die beiden Wörter?“

„Ihr seid tolle Leser“,
lobten die Elefantenkinder Moritz und mich.
„Und ihr konntet auch alle unsere Rätsel lösen.
Unser Lesewettbewerb endet unentschieden“,
antworteten wir.

E-Mail vom Zirkus

„Wir haben eine neue E-Mail bekommen!“, rief plötzlich eine Elefantenschülerin. Alle liefen zum Computer, um zu erfahren, wer ihnen geschrieben hatte.

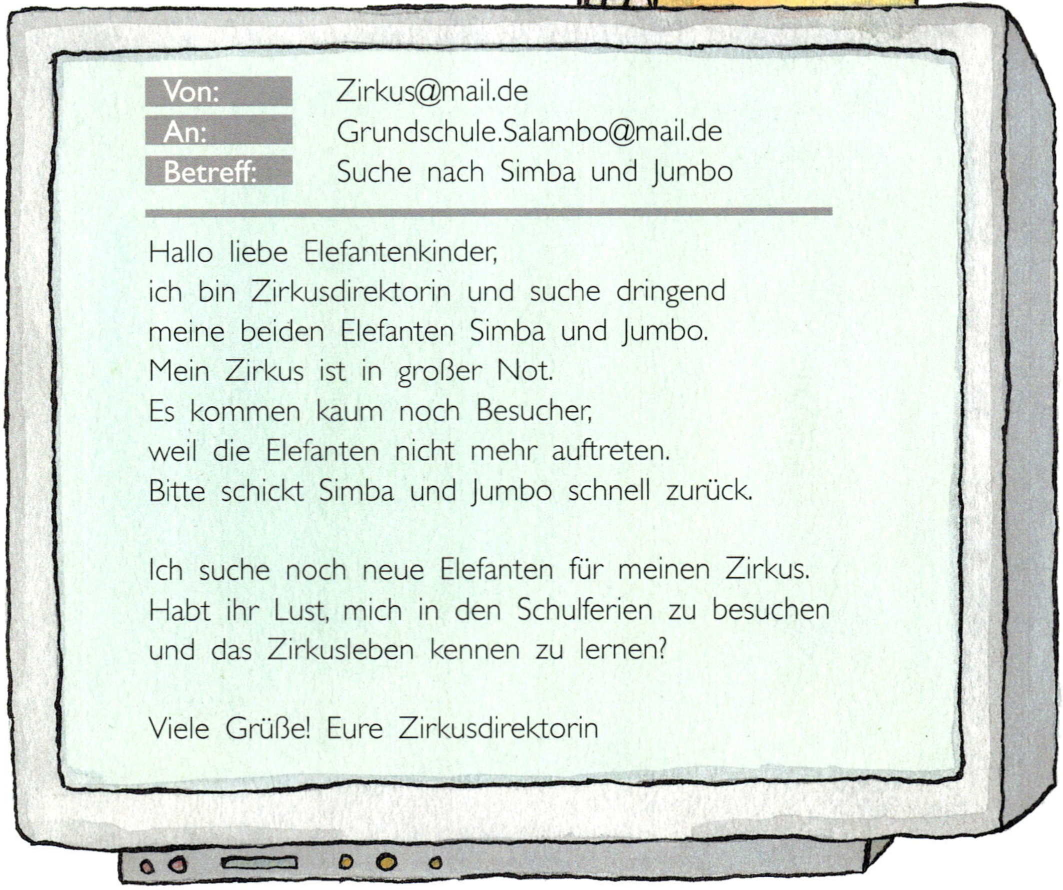

Von: Zirkus@mail.de
An: Grundschule.Salambo@mail.de
Betreff: Suche nach Simba und Jumbo

Hallo liebe Elefantenkinder,
ich bin Zirkusdirektorin und suche dringend meine beiden Elefanten Simba und Jumbo.
Mein Zirkus ist in großer Not.
Es kommen kaum noch Besucher, weil die Elefanten nicht mehr auftreten.
Bitte schickt Simba und Jumbo schnell zurück.

Ich suche noch neue Elefanten für meinen Zirkus.
Habt ihr Lust, mich in den Schulferien zu besuchen und das Zirkusleben kennen zu lernen?

Viele Grüße! Eure Zirkusdirektorin

„Simba und Jumbo!“, riefen die Elefantenkinder. „Ihr müsst dem Zirkus sofort helfen.“
„Ja“, sagte Simba, „wir haben unsere Freunde in Salambo besucht und können jetzt zurück.“
Die Elefantenklasse schrieb der Zirkusdirektorin schnell eine Antwort und schickte sie ab.

Abschied von Salambo

Moritz und ich hatten in Salambo viel erlebt und gesehen.
„Steigt auf!“, sagten Simba und Jumbo.
„Jetzt bringen wir euch nach Hause.“
„In den Schulferien sehen wir uns den Zirkus an“,
riefen die Elefantenkinder.
„Dann kommen wir euch bestimmt besuchen!“
Moritz und ich winkten mit beiden Armen
und die Elefanten trompeteten Abschiedsgrüße.

Moritz und ich riefen:
„Bald sehen wir uns im Zirkus wieder!“
„Wir schreiben euch!“

Zusammen

Wir halten zusammen.
Alle passen auf.
Wir halten zusammen.
Ich stütze dich.
Du hältst mich fest.
Gemeinsam sind wir stark.
Wir halten zusammen.

Claudia

Keith Haring, Ohne Titel, 1986

Seite 159

Zwei Stifte

Ein Bleistift und ein Farbstift stritten sich,
wer von ihnen wichtiger sei.

Um zu zeigen, was er konnte,
zeichnete der Bleistift
ein Ruderboot, ein Segelschiff, einen Dampfer.

Der Farbstift, der ein Blaustift war,
malte ein Meer nach dem anderen.

Als die beiden müde, durstig und fast stumpf geworden waren,
sagte der Farbstift:
„Zeichne mir ein Glas, lieber Bleistift,
damit ich mein Wasser hineinmalen kann."
„Hast du etwas dagegen, wenn ich zwei Gläser zeichne?",
fragte der Bleistift.

Jürg Schubiger

Ein Bleistift und ein Wachsmalstift
stritten sich, wer von ihnen
wichtiger sei. . . .

Seite 173

Die Wilden Hühner

„Schick Melanie und Trude eine Nachricht“, flüsterte Sprotte Frieda zu. „Geheimtreffen in der nächsten Pause auf dem Klo.“
Trude und die schöne Melanie saßen nebeneinander, drei Tische weiter vorn, und betrachteten gerade sehr angestrengt die Tafel.
„O nein!“, stöhnte Frieda. „Du willst doch wohl nicht wieder mit diesem Bandenkram anfangen?“
„Schreib!“, zischte Sprotte.
Frieda beherrschte die Banden-Geheimschrift perfekt.
„Welches Codewort?“, flüsterte Frieda und riss ein Blatt aus ihrem Ringbuch. Sprotte kritzelte etwas auf den Tisch.
Frieda verzog das Gesicht. „Was soll das denn sein?“
„Na, ein Huhn natürlich“, zischte Sprotte ärgerlich.
„Ist doch 'n prima Codewort, oder? Beeil dich.“
„Fertig“, flüsterte Frieda, faltete die Nachricht sorgfältig zusammen und schob sie Sprotte hin.
„Charlotte, komm du bitte an die Tafel!“, sagte Frau Rose.
„O nein. Bitte, das hat keinen Sinn“, sagte Sprotte.
„Wirklich nicht, Frau Rose.“
„Charlotte, an die Tafel.“ Frau Rose hob die Augenbrauen. Das tat sie immer, wenn sie sich ärgerte.
Also stand Sprotte auf, nahm den Zettel in die Hand – und warf ihn der schönen Melanie im Vorbeigehen in den Schoß.
Aber hinter Frau Roses runder Brille verbargen sich Adleraugen.
„Melanie, zeigst du mir bitte mal den Zettel, den du da gerade bekommen hast?“, flötete sie. Und die schöne Melanie kriegte einen puterroten Kopf und brachte Sprottes Geheimbotschaft widerstandslos nach vorne.
„Neffert mmedfua knehcdä shcänol esuapet rowedoc nhuht“, las Frau Rose vor.
„Was soll das denn?“
„Das ist Sprottes blödsinnige Geheimschrift“, verkündete Fred. Er grinste so breit,

Sprotte Frieda

dass ihm fast die Ohren abfielen.

„Nun, wenn das hier geheim ist“, sagte Frau Rose, faltete Sprottes Nachricht wieder zusammen und drückte sie Melanie in die Hand, „dann soll es auch geheim bleiben. Charlotte, fang bitte an zu rechnen.“

Der Rest der Stunde wurde für Sprotte ziemlich unangenehm. Aber auch Fred zerbrach sich gründlich den Kopf. Über **Neffert mmedfua knehcdä** und so weiter.

„Ein doofer Treffpunkt!“, sagte Melanie. Zu dritt drängten sie sich in einer Klokabine.

„Das ist der einzige Ort, wo Freds Bande uns nicht ausspionieren kann“, sagte Sprotte.

„Ausspionieren! Was gibt's denn auszuspionieren?“, fragte Melanie spöttisch und zupfte an ihren Locken herum.

„Ich wette, die Jungs haben was Besseres zu tun.“

„Ach ja?“

Jemand klopfte an die Tür und raunte: „Huhn! Huhuhn!“

Sprotte schloss die Tür auf und Trude drängte sich hinein. Nun wurde es erst richtig eng.

„Sprotte hat eine Idee“, sagte Frieda.

„Na, wenn die so ist wie die letzte, dann gute Nacht!“

„Was willst du hier eigentlich, wenn dir unsere Bande so auf die Nerven geht?“, fauchte Sprotte.

Melanie verdrehte die Augen.

„Schon gut. Rück raus mit deiner Idee.“

„Okay.“ Sprotte rieb sich die Nase. Das tat sie immer, wenn sie ärgerlich oder verlegen war.

„Meine Oma ist für eine Woche zu ihrer steinalten Schwester gefahren und ich hüte das Haus und die Hühner und so. Na ja. Und da hab ich gedacht, dass das ein prima Hauptquartier

Melanie

Trude

wäre – und wenn wir uns diese Woche öfter träfen – ja, also“, sie sah auf ihre Füße, „dass wir dann vielleicht doch noch 'ne richtige Bande würden.“

„Was heißt denn öfter?“, fragte Melanie.

„Na, fast jeden Tag.“

„Was sollen wir denn so oft miteinander anfangen?“, fragte Melanie.

„Na, was fängst du denn sonst so Aufregendes an?“, fragte Sprotte ärgerlich.

„Also, ich jedenfalls sitz zu Hause rum, wenn ich nicht gerade bei meiner Oma schufte.“

„Ich geh zum Ballett!“, sagte Melanie schnippisch.

„Und Gitarre hab ich auch.“

„Das hört sich ja sehr abenteuerlich an“, spottete Sprotte.

„Das kannst du natürlich nicht mal 'ne Woche ausfallen lassen.“

„Klar geht das!“ Melanie kniff wütend die Augen zusammen.

„Aber was dann?“

„Na, das werden wir sehen!“, rief Sprotte.

„Abenteuer kann man doch nicht planen wie Ballett oder so was. Die warten um die Ecke und – zack! Plötzlich sind sie da!“

Die drei andern sahen sich an. Ihre Köpfe waren plötzlich voller Bilder von Schätzen, Rittern und Piraten.

Sprotte hatte es geschafft.

„Dann treffen wir uns heute Nachmittag. So um drei. Einverstanden?“

„Meinetwegen“, sagte Melanie. „Aber ich zieh nicht wieder dieses blöde blaue Banden-T-Shirt an, in dem wir damals immer rumgerannt sind. Da drin seh ich unmöglich aus.“

„Irgendwas müssen wir aber gleich haben!“, sagte Sprotte ärgerlich.

„Wie wär es mit 'ner Tätowierung oder so was?“, fragte Frieda. Entsetzt sah Trude sie an.

„Vielleicht fällt ja irgendeiner noch was ganz Tolles ein“, sagte Sprotte.

„Also, drei Uhr. Und vergesst das Codewort nicht.“

„Huuuuhn!“, sagte Melanie und verdrehte die Augen.

Cornelia Funke

Seite 151 Seite 155

Geheimschriften

Geheimschriften sind für eine Bande natürlich eine lebenswichtige Sache. Wie sonst lassen sich Nachrichten, die nur für **Wilde Hühner** gedacht sind, durch ein Klassenzimmer schmuggeln?
Über diese rätselhafte Nachricht hat sich Fred den Kopf zerbrochen:

Neffert mmedfua knehcdä shcänol esuapet rowedoc nhuht

Treffen auf dem Mädchenklo . . .

So hat Frieda die Geheimschrift geschrieben:
Sie hat jedes Wort erst einmal rückwärts aufgeschrieben und dann noch die Abstände zwischen den einzelnen Wörtern verschoben.

wredh hlessü lhcsw hrüfw wnedh hnegaw nhoww wtgeilh

hmiw wllatsr enhühw hmiw hneti ewzw htsenw.

Das ist eine etwas hinterhältigere Geheimschriftversion.
Wilma hat sie sich ausgedacht. Zunächst mal ist alles wieder rückwärts geschrieben. Dann hat Wilma vor jeden Wortanfang und an jedes Wortende ein **w** oder ein **h** eingefügt.
Und schließlich hat sie die längeren Wörter noch einmal getrennt.
Kannst du die Nachricht entschlüsseln, die sie Trude an der Wohnwagentür hinterlassen hat? Ein kleiner Tipp:
Trude vergisst ständig ihren Schlüssel für den Wagen.

Cornelia Funke

Die Wilden Hühner gibt es auch im Internet:
www.wilde-huehner.de

Lösung: Der Schlüssel für den Wohnwagen liegt im Hühnerstall im zweiten Nest.

Seite 161

Herr Meier und Herr Müller

Herr Müller und Herr Meier lebten in einem kleinen Haus auf dem Lande. Sie hatten ein schönes Leben. Doch eines Sommermorgens fanden die beiden etwas, was vorher noch nie da gewesen war: Quer durch das ganze Land war eine rote Linie gezogen worden. Sie waren sehr erstaunt. Da es bei ihnen selten etwas Neues gab, begannen sie mit der Linie zu spielen. Sie taten so, als würde jedem eine Seite gehören. Aber Herr Meier übertrat immer wieder die Grenze. Das ärgerte Herrn Müller. Am Abend rächte er sich.

„Der Fernseher ist auf meiner Seite“, sagte er. „Heute schaue ich nur, was ich will.“ Und er machte es sich allein auf dem Sofa gemütlich. „Bleib bloß auf deiner Seite!“, rief Herr Meier. Beleidigt ging er ins Schlafzimmer, das auf seiner Seite lag. So verbrachte Herr Müller eine schreckliche Nacht auf dem Sofa. Es war viel zu hart. Am nächsten Tag konnte er die Augen kaum offen halten. Herr Meier nutzte die Gelegenheit. Als Herr Müller

auf dem Sofa einnickte, schlich er sich ins Wohnzimmer, um den Fernseher auf seine Seite zu holen.

In diesem Moment wachte Herr Müller auf. Er sprang herbei und beide zogen und rissen an dem Fernseher, bis er kaputt war. Da wurde Herr Müller so böse, dass er keinen Tag länger mit Herrn Meier befreundet sein wollte. „Mit dir lebe ich nicht mehr unter einem Dach!“, schrie er. Herr Müller stieg mit einer Säge auf das Haus und begann es in zwei Teile zu sägen. Wütend packte ihn Herr Meier am Bein und zog ihn vom Dach herunter. Und zum ersten Mal in ihrem Leben fingen sie an, sich richtig zu prügeln.

Ein kalter Regenschauer brachte sie zur Besinnung. Beiden war klar, dass es durch das Loch im Dach hineinregnen würde. Und beide hatten ein wenig Angst vor dem Gewitter. Schnell liefen sie zum Haus, um das Dach notdürftig zu reparieren. Draußen prasselte der Regen auf das Dach und wusch die rote Linie vom Haus und von den Feldern ab. Es donnerte und blitzte. Drinnen aber machten es sich Herr Müller und Herr Meier gemütlich. Zusammen hatten sie auch fast keine Angst mehr vor dem Gewitter. Sie waren sehr glücklich, dass sie wieder Freunde waren.

Birte Müller

Seite 149 Seite 155 Seite 165

Streiten und Versöhnen

streiten
hänseln
ärgern
sich in die Wolle kriegen
sich nerven

schimpfen
meckern
nörgeln
sich angiften
eine Standpauke halten

sich wieder vertragen
sich versöhnen
sich entschuldigen
Frieden schließen

Es ist ein Unterschied, ob man sich nur ein bisschen ärgert,
oder ob man sich richtig zankt und sich in den Haaren liegt.
Nach einem Streit kann man sich die Hand reichen,
um Verzeihung bitten und etwas bedauern.
Man kann vergeben und vergessen und etwas nicht mehr übelnehmen.

Originalbeitrag

Seite 159

Meine zweimal geplatzte Haut

Ich könnte platzen.
Aus allen Nähten könnte ich platzen
vor **Wut**.
Meine Hände zittern.
Meine Stimme bebt.
Meine Haut tut mir weh von so viel Wut.
Ich fühle mich krank in meiner Haut,
weil du so bös' zu mir warst.

Ich könnte platzen.
Aus allen Nähten könnte ich platzen
vor *Lust*.
Meine Hände winken.
Meine Stimme lacht.
Mein Bauch gluckert von so viel Lust.
Ich fühle mich wohl in meiner Haut,
weil du so lieb zu mir warst.

Hanna Hanisch

Ameise und Heuschrecke

Eines Tages unternahmen eine Ameise und eine Heuschrecke gemeinsam einen Spaziergang. Sie gelangten zum Ufer eines schmalen Flusses.

Die Heuschrecke sprach: „Freundin Ameise, ich kann dieses Flüsschen überspringen, und wie steht's bei dir?" „Sicherlich kann ich das auch", gab die Ameise zurück. Schon sprang die Heuschrecke los und landete auf der anderen Seite. Die Ameise versuchte es auch, doch glitt sie aus und wurde vom Fluss abgetrieben. „Hilf mir doch, Heuschrecke, zieh mich an einem Seil heraus!", rief sie angsterfüllt. Die Heuschrecke eilte davon, um ein Seil zu suchen.

Sie traf ein Schwein und sprach zu ihm: „Freund Schwein, hilf mir doch! Gib mir ein paar von deinen Borsten! Aus denen will ich ein Seil drehen, um der Ameise zu helfen, die im Flusse treibt." Das Schwein gab zur Antwort: „Gib mir nur zuerst eine Kokosnuss, dann will ich dir viele Borsten von mir geben."

Sogleich eilte die Heuschrecke zur Kokospalme und rief: „Oh, Kokospalme, hilf mir doch! Gib mir eine von deinen Nüssen, damit ich sie dem Schwein geben kann, weil es mir dann Borsten gönnt, aus denen ich ein Rettungsseil machen will für die im Fluss abgetriebene Ameise." „Verjage nur zuerst die Krähe, die auf meinen Blattwedeln sitzt und sie so niederdrückt, dann gebe ich dir auch eine Nuss", antwortete die Kokospalme.

„Krähe, sei doch so gut und verlasse diese Kokospalme, damit sie bereit ist, mir eine Frucht zu schenken, die ich dem Schwein geben will, um die abtreibende Ameise zu retten." Und was sagte die Krähe dazu? „Gut, ich werde fortfliegen, wenn du mir ein Ei verschaffst."

Die Heuschrecke beeilte sich, suchte das Huhn auf und bat es um ein Ei. Doch das Huhn antwortete ihr: „Bring mir ein paar Körner Reis und Mais, dann will ich dir ein Ei geben."

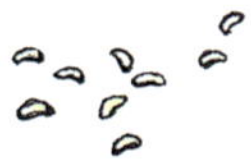

Schnell begab sich die Heuschrecke zum Reisspeicher, weil sie ein paar Körner Reis und Mais erbitten wollte. Der Reisspeicher gab zur Antwort: „Verscheuche nur zuerst die Maus, die in meinem Inneren nistet, dann bekommst du Reis und Mais!"

Die Maus wollte nur unter der Bedingung ausziehen, dass sie zuvor Kuhmilch zu trinken bekomme.

Nun machte sich die Heuschrecke auf den Weg zur Kuh, um ein wenig Milch von ihr zu erbetteln. Die Kuh aber sagte: „Bring mir einen Bund Alang-Alang-Gras[1], und ich gebe dir ein Schälchen frische Milch."

Sogleich eilte die Heuschrecke auf ein Feld, schnitt Alang-Alang-Gras, bündelte es und brachte es der Kuh.

Von der Kuh erhielt sie frische Milch, die sie der Maus brachte. Die Maus nahm die Milch und verließ den Speicher. Vom Speicher bekam die Heuschrecke ein paar Körnchen Reis und Mais, die sie eilig dem Huhn brachte. Das Huhn gab der Heuschrecke ein Ei, das diese schnell der Krähe hintrug.

---

[1] Alang-Alang-Gras ist hohes Gras mit scharfen Kanten.

Die Krähe nahm das Ei und flog von der Kokospalme weg. Von dieser erhielt die Heuschrecke eine Nuss, die sogleich das Schwein bekam. Nun überließ das Schwein der Heuschrecke einige seiner Borsten. Sobald sie diese hatte, flocht die Heuschrecke daraus ein Seil. Damit kam sie eilends der Ameise zur Hilfe. Sie warf ein Ende des Seils bis in die Mitte des Flusses, das andere hielt sie fest. Die Ameise umklammerte das Seil und gelangte glücklich ans Ufer. „Ich danke dir, meine Freundin Heuschrecke", rief die Ameise voll Freude aus. „Schon gut!" meinte die Heuschrecke lächelnd: „Freunde müssen einander beistehen."

Indonesisches Märchen

1. Welche Tiere kommen in dem Märchen vor?
2. Wen trifft die Heuschrecke im Reisspeicher?
3. Bekommt die Heuschrecke etwas für ihre Hilfe?

Seite 147 Seite 149 Seite 165

Freunde

teman (indonesisch)

vrienden (holländisch)

οι φίλοι (griechisch)

ضحاب (marokkanisch)

ਮਿੱਤਰਤਾ (indisch)

friends (englisch)

amici (italienisch)

przyjaciele (polnisch)

arkadaşlar (türkisch)

prijatelji (serbor-kroatisch)

دوستان (iranisch)

vänna (schwedisch)

ДРУЗЯ (russisch)

amis (französisch)

marafiki (suaheli)

amigos (spanisch)

Seite 159

Sprachzauber

Seite 163
Seite 165

Mitleid

Mit dem armen **Y**
habe ich oft Erbarmen,
wie selten kommt es zum Zug!
Doch es tröstet mich klug:

Fl**y**, fl**y**, fl**y**
mit mir im Gepäck
nach Amerika,
da braucht man mich
mehr als genug.

Hans Manz

ö

Auf einem **O**
saß einst ein Floh
und tat, als sei das üblich so.
Da sprang ein zweiter Floh hinzu
zum Rendezvous.
Jetzt saßen auf dem **O**
zwei Flöh
und machten aus dem **O**
ein **Ö**.

Helmut Höfling

Seite 161

Der Buchstaben-Fresser

Eines Tages fand Claudia im Garten ein blaues Ei.
Sie nahm es mit und legte es in den Keller.
Kurze Zeit später lag dort nur noch die Schale.
Irgendetwas war aus dem Ei geschlüpft.
In den nächsten Tagen passierten merkwürdige Dinge:
Im Keller war plötzlich das Klassenzimmer von Claudia,
genau wie in ihrer Schule. Und dann war da ein Berg Schuhe.
Claudias Vater suchte seinen Hammer und fand ein Schaf.
Die Familie holte sich Rat bei dem schlauen Herrn Dill.

Als ihm Claudia erzählte, dass alles mit einem hellblauen Ei angefangen hatte, wurde er hellhörig.
„Hellblaues Ei? Da kommt mir eine Idee!“ rief er, ging nach Hause und kam mit einem dicken Lexikon zurück. Er schlug unter **E** nach.
„Das Ei stammt zweifellos von einem Buchstaben-Fresser.“
„Buchstaben-Fresser? Was ist denn das?“, fragten Mama, Papa und Claudia. Herr Dill sagte: „Ich kann es euch ja mal vorlesen:

Buchstaben-Fresser schlüpfen aus Eiern von zartblauer Grundfarbe. Sie sind ziemlich gefräßig und fressen jeden Tag mindestens einen Buchstaben, den sie sich aus Wörtern ihrer Umgebung herausbeißen. Das kann manchmal unangenehme Folgen haben. Es wurde schon beobachtet, dass sie mitten aus einem Busch das **s** wegfraßen. Wo im Garten vorher ein schöner Busch gestanden hatte, lag jetzt lediglich ein Buch.“

„Ich versteh gar nichts“, sagte Claudia. „Was hat das mit dem Klassenzimmer im Keller, mit den Schuhen und dem Schaf zu tun?“
„Du kannst das auch nicht verstehen, weil ich nicht alles vorgelesen habe“, sagte Herr Dill nachsichtig. „Hier stehen noch ein paar Sätze:

In den ersten Tagen nach dem Ausschlüpfen nimmt der Buchstaben-Fresser noch keine Nahrung zu sich. Er übt lediglich den Umgang mit Buchstaben. Er vertauscht sie. Daher wird der Buchstaben-Fresser in seiner frühen Jugend auch Buchstaben-Tauscher genannt.“

„Buchstaben-Tauscher? Jetzt verstehe ich alles!“ rief Claudia.

„Er hat alles, alles vertauscht! Als der Buchstaben-Tauscher ausgeschlüpft war, lag im Keller die Schale. Er hat das **a** in ein **u** vertauscht. Deswegen war dann plötzlich im Keller die Schule.“

„Jetzt verstehe ich auch“, rief Mama. „Später hat er dann das **l** von **Schule** in ein **h** vertauscht. Daher die Schuhe!“

„Moment, Moment!“ sagte Papa. „In meinem Werkzeugraum hat ein **Hammer** gefehlt, und dafür stand ein Schaf da. Eure Theorie scheint doch nicht zu stimmen.“

Herr Dill überlegte einen Augenblick. „War das ein weibliches Schaf oder ein männliches?“ fragte er dann. „Warum fragen Sie das?“

„Weil es bestimmt ein männliches Schaf war“, sagte Herr Dill. „Wie man ja weiß, heißt das männliche Schaf **Hammel**.“

„Eigentlich ist das Vertauschen doch recht lustig“, sagte Claudia. „Ich bin schon gespannt, was er morgen Früh vertauscht hat.“

Herr Dill machte ein bedenkliches Gesicht. „Man darf das nicht zu leicht nehmen“, warnte er. „Hier, guckt euch dieses Bild an, und lasst es euch eine Warnung sein. Dieser arme Mensch hier ist ein besonders geplagtes Opfer des Buchstaben-Tauschers.“

Paul Maar

Tatsächlich:

Der Buchstaben-Tauscher wurde zum Buchstaben-Fresser.

Seite 151

Seite 161

Teekesselspiel

Ein Ratespiel mit Wörtern

Zwei Kinder gehen vor die Tür und überlegen sich ein Wort mit zwei verschiedenen Bedeutungen, z. B. Birne.

Die anderen Kinder müssen jetzt das Wort erraten. Sie bekommen von den beiden Kindern Hinweise:

„Mein Teekessel hat einen Stiel."

„Mein Teekessel kann leuchten."

Wenn das Wort mit dieser Hilfe noch nicht erraten wird, dürfen die beiden Kinder weiterhelfen:

„Meinen Teekessel kann man essen."

„Mein Teekessel hat eine Fassung."

Wer das richtige Wort errät, darf zusammen mit einem anderen Kind ein neues Teekesselwort suchen.

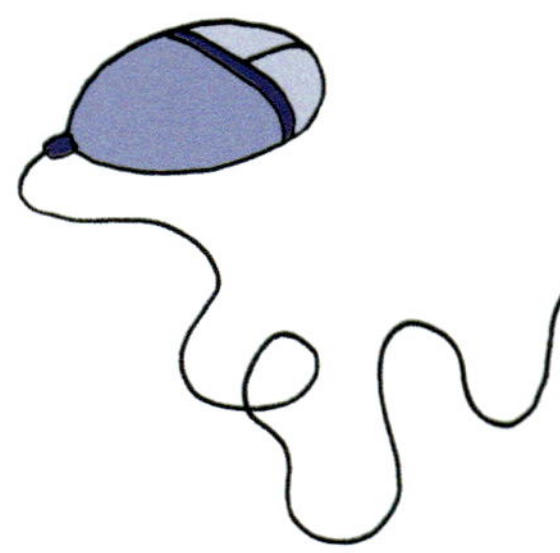

Originalbeitrag

„Herr Schaffner, wie lange hält der Zug?"
„Bei guter Pflege hält er bestimmt 20 Jahre!"

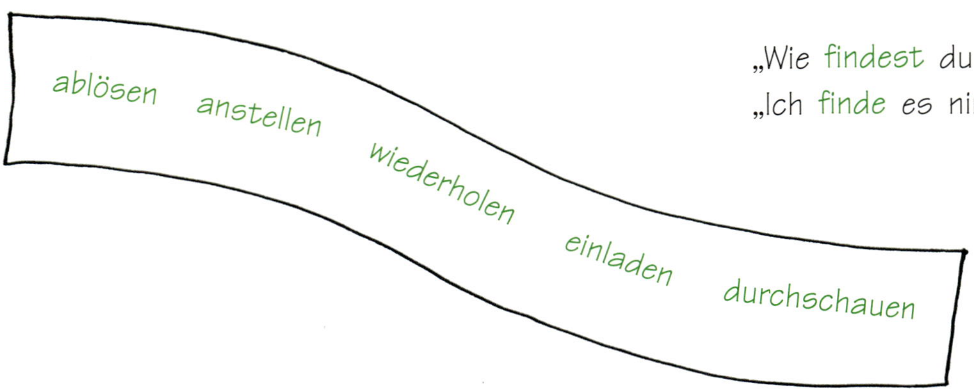

„Wie findest du das neue Buch?"
„Ich finde es nirgends!"

Mario Grasso

Was ist denn das?

Gabelstapler

Brotmesser

???

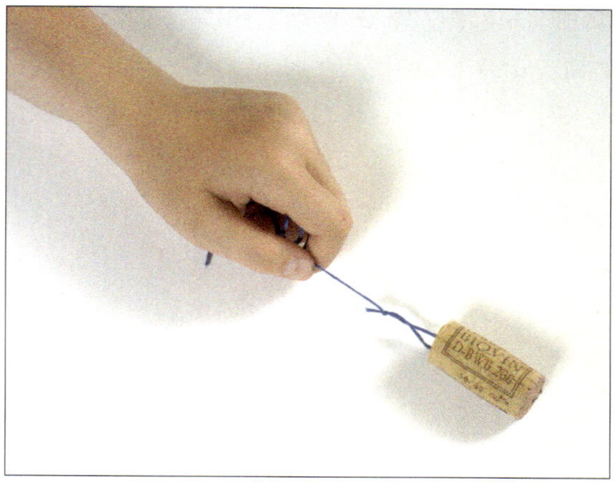

???

Obstmesser

Stempelkissen

Korkenzieher

Federhalter

Heftpflaster

Schokoladentafel

Seite 161

K

Nadia Budde

Seite 161 Seite 165

Ein Zauberspruch, um eine verlorene Sache wiederzufinden

O mise mause maas,
was ich zuvor besaß,
O malla mirra mooren,
das habe ich verloren.
O maxi murxi muchen,
da fing ich an zu suchen.
O melle mulle mall,
ich suche überall.
O muckte mickte meckt –
ein Kobold hat's versteckt.

O mura maure mer.
Ich sprach: „Gib's wieder her!"
O monne minne menn,
er fragt: „Was willst du denn?"
O mohne mahne miem,
da sagte ich es ihm:
„O mise mause maas,
was ich zuvor besaß.
O melle mirra mooren,
das habe ich verloren."

Und so weiter, immer wieder von vorn,
bis man die Sache gefunden hat.
Wenn man nur nicht vorher aufhört,
dann hilft der Zauberspruch immer.

Michael Ende

Ein Zauberspruch,
um sich an eine vergessene
Sache zu erinnern:

O misse masse musste,
was ich zuvor noch wusste.
O musse mosse messen,
das habe ich vergessen.

O mogen magen megen,
ich fing an zu überlegen.
. . .

Zungenbrecher oder Schnellsprechsprüche

Como pocos cocos como,
pocos cocos compro.
Como pocos cocos compro,
pocos cocos como.

(spanisch)

Weil ich wenig Kokosnüsse esse,
kauf' ich wenig Kokosnüsse.
Weil ich wenig Kokosnüsse kaufe,
ess' ich wenig Kokosnüsse.

She sells sea shells
down by the seashore.

(englisch)

sprich: Schi säls si schäls
daun bei se sischor.

Sie verkauft Muscheln
am Meeresstrand.

Kartal kalkar dal sarkar,
das sarkar kartal kalkar.

(türkisch)

Wenn der Adler wegfliegt,
bewegt sich der Ast,
der Ast bewegt sich,
wenn der Adler wegfliegt.

Es klapperten die Klapperschlangen,
bis ihre Klappern schlapper klangen.

(deutsch)

A big black bug bit
a big black bear.

(amerikanisch)

sprich: Ä big bläk bag bit
ä big bläk bär.

Ein großer schwarzer Käfer
biss einen großen schwarzen Bären.

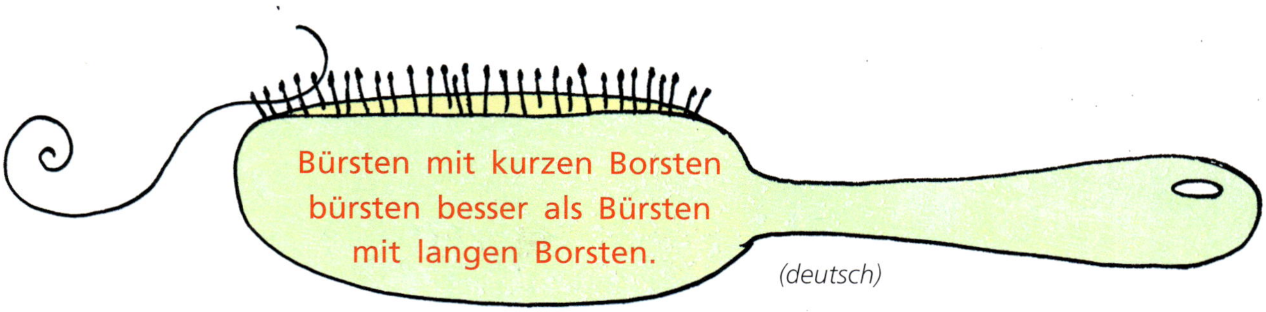

Bürsten mit kurzen Borsten
bürsten besser als Bürsten
mit langen Borsten.

(deutsch)

青巻紙　赤巻紙　黄巻紙

Aomakigami akamakigami kimakigami.

(japanisch)

Blaues Rollenpapier, rotes Rollenpapier,
gelbes Rollenpapier.

Durchs Jahr

Ganz oben wohnt ein Mann.
Er hat weiße Haare
und blaue Augen.
Er trägt einen grauen Mantel.
Der Mann ist groß.
In seinem Zimmer steht
ein Schneemann.

Darunter wohnt ...

In der 2. Etage ...

Ganz unten ...

Martin Baltscheit, Hotel der vier Jahreszeiten

Seite 157 Seite 159

Hotel der vier Jahreszeiten

Ricki musste nicht lange raten, wer in den vier Stockwerken wohnte. Das erste Stockwerk war wie das Erwachen am Morgen. Blass, sonnengesprenkelt und mit einem neugierigen Grün. Um die Fenster herum schlängelten sich junge Triebe und überall sprossen Grasbüschel, so dass man das Mauerwerk kaum sah. Hier wohnte der **Frühling**.

Das zweite Stockwerk glühte in allen Farben des Regenbogens. Überall öffneten sich Blumen zwischen den Mauersteinen, Insekten summten, und wenn man genau hinhörte, glaubte man das Rauschen des Meeres zu hören. Hier wohnte der **Sommer**.

Im dritten Stockwerk dagegen waren die Farben warm und melancholisch. Gelbes, braunes und rotes Laub bedeckte die Fassade, und das Licht in den Fenstern kam von Hunderten von Kerzen. Hier wohnte der **Herbst**.

Das vierte Stockwerk passte als Einziges in die **Winter**landschaft hinein. Es erinnerte an ein Gemälde aus vereisten Ölfarben. Blaue Schattierungen vermischten sich mit kaltem Weiß, Eisblumen reckten sich von den Fenstern weg und streckten ihre feinen Finger in Richtung der unteren Stockwerke.

Zoran Drvenkar

Seite 151

Obsternte – wie es früher war

An allen Straßenrändern standen Obstbäume. Im Herbst hingen sie voller Äpfel, Birnen oder Pflaumen. Dann ging der Gemeindediener mit seiner großen Glocke durch das Dorf und rief: „Heute Nachmittag werden die Obstbäume versteigert!" Schon vorher liefen alle Leute unter den Bäumen herum. Sie hoben Fallobst auf und probierten es. Sie sahen hoch, ob die Zweige recht voll hingen. Sie merkten sich die besten Bäume.

Pünktlich erschien der Gemeindediener. Er trug einen Lederbeutel um die Schulter. Wieder schwang er seine Glocke. Die Versteigerung fing an. Er rief Baum für Baum auf: „Wer bietet für diesen hier? Wie viel? Wer bietet mehr?" Wer am meisten bot, musste bezahlen. Dafür durfte man den Baum abernten. Bald waren alle Bäume versteigert. Befriedigt zog der Gemeindediener ab und brachte den Beutel voll Geld zum Bürgermeister.

An den Bäumen lehnten nun lange Leitern. Darauf standen die Männer und pflückten. Die Kinder turnten über ihnen in den Zweigen und pflückten auch. Unten legten die Frauen das Obst behutsam in die Körbe.

Es durfte keine Flecken bekommen. Schließlich sollte das Obst den ganzen Winter hindurch halten.

Fallobst und Obst mit Maden und dunklen Stellen kam gleich in Säcke. Dort hinein kamen auch die Früchte, die zuletzt mit Stangen heruntergeschlagen oder -geschüttelt wurden, weil keiner sie mehr erreichen konnte. Kein einziger Apfel, keine Birne, nicht mal eine Pflaume blieb liegen.

Körbe und Säcke wurden auf Handwagen heimgebracht. Das gute Obst kam auf den Dachboden. Dort wurde es sorgfältig auf Stroh gelegt. Unten in der Küche dampften die Töpfe auf dem Herd. Das Fallobst wurde zu Mus gekocht. Großmutter schnitt Apfelringe. Die fädelte sie auf und hängte sie zum Trocknen über den Ofen. Auf den Blechen lagen die Pflaumen zum Dörren. Unten im Keller schwefelte Vater sein Fass. Aus den kleinsten und härtesten Birnen und Äpfeln wollte er Most ansetzen.

Margret Rettich

November

Rotraut Susanne Berner

Ein großer Teich war zugefroren

Ein großer Teich war zugefroren,
Die Fröschlein, in der Tiefe verloren,
Durften nicht ferner quaken noch springen,
Besprachen sich aber, im halben Traum,
Fänden sie nur da oben Raum,
Wie Nachtigallen wollten sie singen.

Der Tauwind kam, das Eis zerschmolz,
Nun ruderten sie und landeten stolz,
Und saßen am Ufer weit und breit
Und quakten wie vor alter Zeit.

Johann Wolfgang von Goethe

Seite 153 Seite 165 Seite 167

Kokosbällchen

Du brauchst:

55 g Kokosraspeln
55 g Kekse
55 g Rosinen
55 g Mandeln
75 g Sahne

Teigrolle
Messer
Schüssel
Rührlöffel
Plastiktüte

1. Zerkleinere die Kekse mit der Teigrolle.
2. Hacke Mandeln und Rosinen in kleine Stücke.
3. Gib alle zerkleinerten Zutaten in eine Schüssel und füge die Sahne hinzu.
4. Rühre alles gut durch.
5. Rolle aus der Masse kleine Bällchen.
6. Fülle die Kokosraspeln in eine Plastiktüte und lege die Bällchen hinein – immer nur ein paar auf einmal.
7. Rolle und schüttle sie in der Tüte, davon werden sie schön rund.
8. Wenn du sie herausnimmst, sollen sie ganz mit Kokosraspeln bedeckt sein. Du kannst sie sofort essen.

Hinweis:
Kokos-Schneemänner baut man, indem man zwei Bällchen aufeinandersetzt. Für Augen und Mund kannst du Rosinen oder andere Trockenfrüchte verwenden!

Karneval in der Welt

Karneval feiert man an vielen Orten auf der Welt. Besonders berühmt ist der Karneval von Venedig. Jedes Jahr lockt er in die Stadt viele Touristen, die die prächtigen Kostüme und die Masken bestaunen. Jede Maske und jedes Kostüm hat eine eigene Bedeutung. Sehr beliebt sind die Kostüme von Arlecchino und Brighella. Arlecchino ist unserem Clown am ähnlichsten.

Er trägt ein buntes Flickenkostüm und eine schwarze Beulenmaske mit einer platten Nase. Arlecchino ist lustig, ungeschickt und hilfsbereit. Dagegen ist Brighella listig, er kann sich gut ausdrücken und weiß, wie man andere überredet. Hinter den venezianischen Masken kann man sich gut verstecken. Für die Zeit des Karnevals kann man eine Person spielen, die man sonst nicht ist. Männer spielen Frauen oder Reiche spielen Arme. Die Menschen können Unsinn machen, ohne erkannt zu werden.

Der Karneval von Rio de Janeiro in Brasilien ist ebenfalls weltberühmt. Bei den Umzügen tanzen viele Gruppen in bunten Kostümen zu Samba-Musik.

Originalbeitrag

Hut Hut

Unter meinem Tropenhut
geht's mir antilopengut.
Unter meiner Baseballkappe
ich nach einem Baseball schnappe.

Unter einem Fingerhut
geht es meinem Finger gut.
Unter einer Zeitungsmütze
ess ich gerne rote Grütze.

Hut, Hut
steht mir gut.
Hut, Hut
steht mir gut.

Unter einem Plastikturban
traf ich kürzlich Kalle Urban,
fragte ihn: Hast du 'nen Knall?
Doch es war nur Karneval.

Unter einer Clownsperücke
ich mich zu 'nem Po-Tritt bücke.
Unter einem Eisenhelm
werde sogar ich zum Schelm.

Hut, Hut
steht mir gut.
Hut, Hut
steht mir gut.

Erwin Grosche

Seite 159 Seite 163 Seite 165

Frühlings- und Osterbräuche

Vom Winter zum Sommer

Von jeher war die Wende vom Winter zum Frühling das wichtigste Ereignis im Jahreslauf. Die Menschen lebten in früheren Zeiten viel mehr mit der Natur als wir heute.
Am Ende des Winters, wenn die Vorräte aufgebraucht waren, warteten alle sehnsüchtig auf den Frühling, um die Felder neu zu bestellen. In der Sehnsucht nach Wärme und dem Erwachen der Natur haben fast alle Frühlingsbräuche ihren Ursprung. Erscheinungen wie Blitz, Donner, Regen und Sonne erhielten eine besondere Bedeutung und wurden als Gottheiten verehrt. Das Erwachen der Natur war das Erwachen der Frühlingsgötter. Viele Bräuche gehen auf Götter- und Geisterbeschwörungen zurück und haben sich in manchen Gegenden auf dem Land bis heute erhalten.

Sogar richtige Kampfspiele zwischen Winter und Sommer wurden ausgetragen: Kämpfe, wie sie in der Natur zu beobachten sind, wenn es nach der Wintersonnenwende auf Ostern zugeht.
Dann wärmt die Sonne zwar wieder und es wird grün auf der Erde, aber es gibt auch Rückschläge mit Schnee und Kälte. Dieser Kampf zwischen den dunklen Mächten des Winters und den lichten Naturkräften wurde nachgespielt: Zwei Gestalten – der Winter strohumwickelt, der Sommer mit frischem Grün geschmückt – kämpften so lange miteinander, bis der Sommer Sieger blieb. Hier finden wir übrigens die alte Einteilung des Jahres in Sommer und Winter. Vier Jahreszeiten kannte man früher nicht. Das Wort **Frühling** wurde erst im 15. Jahrhundert gebildet.

Tilde Michels

Eier-Wettspiele

Die ersten Berichte vom Verstecken und Suchen der Ostereier stammen aus dem 17. Jahrhundert. Ebenso alt sind die Wettspiele mit hart gekochten Eiern, die zum Teil heute noch bekannt sind.

Eierschiebeln
Ostereier werden einen Abhang hinuntergerollt. Die zerbrochenen Eier bekommt derjenige, dessen Ei ganz geblieben ist.

Eierpecken (oder Eierhiggen)
Zwei Eier werden aneinander geschlagen, bis eines zerbricht. Dabei sagt man:
„Higgo, higgo, Spitz auf Spitz."
Der Sieger kassiert das zerbrochene Ei.

Eierlaufen
Mit einem Ei, das auf einen Holzlöffel gelegt wird, muss man zu einem bestimmten Ziel laufen, wobei das Ei nicht vom Löffel fallen darf.

Tilde Michels

Verblühter Löwenzahn

Wunderbar
stand er da im Silberhaar.
Aber eine Dame,
Annette war ihr Name,
machte ihre Backen dick,
machte ihre Lippen spitz,
blies einmal, blies mit Macht,
blies ihm fort die ganze Pracht.
Und er blieb am Platze
zurück mit einer Glatze.

Josef Guggenmos

Unterm Flieder

Der blühende Flieder
singt mir duftende Lieder.

Heinz Janisch

Unter dem Holunderbusch

Unter dem Holunderbusch
machen alle husch husch husch.

Veilchen

Wenn die Veilchen sprießen
...

Im Mai

Wenn im Mai die Sonne scheint,
wird gesungen und gereimt.

Seite 153 Seite 165

Komm, lieber Mai

Text: Christian Adolf Overbeck
Musik: Wolfgang Amadeus Mozart

2. Zwar Wintertage haben
wohl auch der Freuden viel,
man kann im Schnee eins traben
und treibt manch Abendspiel,
baut Häuserchen von Karten,
spielt Blindekuh und Pfand;
auch gibt's wohl Schlittenfahrten
aufs liebe freie Land.

3. Ach, wenn's doch erst gelinder[1]
und grüner draußen wär.
Komm, lieber Mai, wir Kinder,
wir bitten dich so sehr!
O komm und bring vor allem
uns viele Veilchen mit,
bring auch viel Nachtigallen
und schöne Kuckucks mit.

---

[1] **Gelinder** bedeutet milder.

Ein Stürmer zu viel

Was für eine Hitze! Es wehte kein Lüftchen und weit und breit war keine Wolke in Sicht. Der Fußballplatz hatte sich in einen Backofen verwandelt. Dominiks Trikot war so nass geschwitzt, als hätte er darin geduscht. Trotzdem dribbelte er immer weiter um die Stangen herum, die Koslowski in den Boden gerammt hatte. Er und Sascha waren die Einzigen, die noch nicht schlappgemacht hatten. Die anderen hockten müde auf dem Rasen und nuckelten an ihren Wasserflaschen.

Ab und zu schaute Dominik verstohlen zu Sarah hinüber, die an einem der Torpfosten lehnte. Er war immer noch stolz, dass sie vorhin geklatscht hatte, als ihm ein Wahnsinns-Fallrückzieher gelungen war. Vielleicht merkte sie ja, dass Dominik mindestens genauso gut mit dem Ball umgehen konnte wie Sascha?

Ein komisches Mädchen war diese Sarah. Erst vor sechs Wochen war sie mit Sascha und ihren Eltern nach Bernheim gezogen. Obwohl sie eindeutig ein Mädchen war, guckte sie bei jedem Fußballtraining zu. Und einmal wollte sie sogar selbst mitmachen! Da hatte Koslowski sie aber sofort vom Platz gescheucht und ihr geraten, sich einen Mädchenverein zu suchen. Obwohl es gar keinen in Bernheim gab.
Wenn Dominik mit seinen Freunden auf dem Bolzplatz im Stadtpark kickte, durfte Sarah natürlich mitspielen. Und da war Dominik ganz schön baff gewesen, als sie ihn zum ersten Mal ausgedribbelt hatte. Diese Sarah spielte nicht übel ...

Obwohl ihm langsam schwindlig wurde, flitzte Dominik weiter zwischen den Stangen herum. Tim, der Mannschaftskapitän, der mit den anderen auf dem Rasen lag, betrachtete ihn und Sascha kopfschüttelnd und rief:
„Sagt mal, wollt ihr unbedingt einen Hitzschlag kriegen?“

„Nee, wir wollen das nächste Spiel gewinnen“, keuchte Sascha. „Wenn wir nicht richtig trainieren, haben wir gegen den VfL Rinsbach keine Chance!“

„Haben wir sowieso nicht“, behauptete Murat. „Unsere Taktik ist doch völlig daneben.“

Philipp guckte ihn verdutzt an. „Hä? Seit wann haben wir überhaupt eine Taktik?“

„Vielleicht denkt sich Koslowski gerade eine aus“, sagte Bogdan, einer der Abwehrspieler.

Sie schauten hinüber zu ihrem Trainer. Er saß auf einer schattigen Bank, rauchte eine Zigarette und blätterte wie immer in der Sportzeitung. Murat zog eine Grimasse.

„Wie der sich für unsere Taktik interessiert!“

„Ist mir doch egal.“ Sascha umkurvte die nächste Stange.

„Wir trainieren nicht für den Koslowski, sondern für uns selbst. Stimmt's, Dominik?“

Dominik nickte. Ausnahmsweise war er mal einer Meinung mit Sascha. Allerdings – na ja, ehrlich gesagt, im Moment trainierte er gar nicht für sich selbst, sondern auch ein bisschen für Sarah.

Christian Bieniek

1. Zu welcher Jahreszeit spielt die Geschichte?
2. Gibt es in der Geschichte einen anderen Namen für Fußballplatz?
3. Wie findet Dominik Sarah?

Seite 147 Seite 151 Seite 155

Bald ist Weihnachten

Henri Matisse, Weihnachtsabend, 1952

Seite 159

Advent

Nun kommt er wieder, der Advent,
in unsre dunkle Welt,
damit ein Strahl vom großen Licht
auf unsre Erde fällt.

Nun kommt er wieder, der Advent,
im hellen Kerzenschein,
denn bald schon soll's für dich und mich,
für alle Weihnacht sein.

Nun kommt er wieder, der Advent,
möcht leise sein und still.
Geboren ist ein kleines Kind,
das Frieden bringen will.

Bernhard Lins

Millionenfacher Schein,
Lichterheer der Sterne,
Riesen sind so winzig klein,
Riesen in der Ferne.

Frantz Wittkamp

Seite 153

Hinter verzauberten Fenstern

„Warum hatte der blöde kleine Olli den schönen Schokoladenadventskalender bekommen und ich nur diesen doofen Papieradventskalender“, ärgerte sich Julia. Doch das auf ihrem Kalender abgebildete Haus glitzerte so silbrig und geheimnisvoll, dass Julia der Versuchung nicht widerstehen konnte und das erste Fenster ihres Kalenderhauses öffnete.

Julia blickte in eine düstere Rumpelkammer. Ein paar Kartons, eine alte Badewanne mit Klauenfüßen, ein verschnürter Sack, jede Menge Gerümpel. Und an einem klapprigen Kleiderständer hing ein riesiger, schwarzer Mantel. Julia starrte das Bild ungläubig an. Es war ein blöder, langweiliger Schwachsinnskalender. Bilder von rumpeligen Dachböden statt Schokolade? Ärgerlich drückte Julia das Fenster wieder zu. Der Kalender funkelte und blitzte in der Dunkelheit. „Na ja“, dachte Julia müde, „seine Bilder taugen nichts, aber glitzern tut er wirklich wunderschön.“ Und dann schlief sie endlich ein.

Julia öffnete das zweite Fenster. Nein, auch im zweiten Zimmer war niemand. Was auf dem Bild war, konnte sie kaum erkennen – so sehr wimmelte und wuselte es von tausend Dingen, die von der Decke hingen, sich auf dem Boden stapelten oder aus den Regalen quollen. „Wenn das Fenster doch bloß nicht so klein wäre“, dachte Julia. Ihre Lupe! Die hatte sie ganz vergessen. Hastig sprang sie vom Bett und wühlte in ihrem Regal herum. Da war sie! Schnell flitzte sie zurück. Julia schaute und schaute.

Das Aufregendste, was sie entdeckte, waren die kleinen Flugmaschinen, die an dünnen Fäden von der Decke baumelten. Einige waren aus Pappe, andere aus Holz oder aus Metall. Manche waren nicht größer als Julias Spielzeugautos, und andere hatten Flügel, die so lang waren wie ihr Arm. Unter der Lupe wurden sie so groß, dass Julia sogar kleine Knöpfe oder Hebel erkennen konnte. „Als ob man sie berühren könnte“, dachte sie und stupste mit ihrem Finger gegen einen kleinen Propeller. Er begann sich zu drehen.

Erschrocken zuckte Julia zurück und ließ die Lupe fallen. Als sie sich bückte, um sie aufzuheben, blickte sie auf einen bunt gemusterten Teppich. „Du meine Güte!“, flüsterte sie und berührte ihre Zehen. Es waren eindeutig ihre Füße, die da auf dem Teppich standen. Und über ihrem Kopf hingen die wunderbaren Flugmaschinen. Eine schwebte sogar direkt vor ihrer Nase. Julia drehte sich um. Sie blickte durch ein offenes Fenster in ihr Zimmer. „Oje!“, dachte sie und begann, auf ihren Fingernägeln zu kauen. „Ich stecke in meinem eigenen Kalender!“ Ihr Herz klopfte schnell und schneller. Plötzlich öffnete sich links von ihr eine Tür und ein kleiner Mann mit einer riesigen Blumenvase kam hereingestolpert. Der kleine Mann machte eine tiefe Verbeugung. „Ich freue mich ja so!“, rief er. „Gestatten, mein Name ist Jakobus Jammernich, von Beruf Flugmaschinenerfinder. Seit heute Morgen hatte ich die winzige Hoffnung, dass du kommst. Seit ich oben auf dem Dachboden das offene Fenster entdeckt habe.“

Cornelia Funke

Stille Nacht – eilige Nacht

Der Wirt der Herberge
liebte seine Nachtruhe
wie nichts sonst auf der Welt.
Doch in jener Nacht
klopfte jemand an die Tür.
„Nichts mehr frei!“, sagte der Wirt.
„Aber wir sind müde.“

„Dann müsst ihr den Stall hinterm Haus
nehmen. Tragt euch ein!“
Sie trugen ihre Namen ein:
Maria und Joseph.
Der Wirt schloss die Tür,
stieg die Treppe hinauf,
legte sich ins Bett
und schlief wieder ein.

Doch es dauerte nicht lange,
da klopfte schon wieder jemand
an der Tür.
„Wir sind drei Hirten.
Wir wollen zu Maria und Joseph.“
„Im Stall hinterm Haus!“,
sagte der Wirt.
Er schloss die Tür,
stieg die Treppe hinauf,
legte sich ins Bett
und schlief wieder ein.

Da klopfte doch tatsächlich schon wieder jemand an der Tür. „Wir sind drei Könige. Wir wollen Ma–“

„Hinterm Haus!“

Der Wirt warf die Tür zu, stieg die Treppe hinauf, legte sich ins Bett und schlief wieder ein.

Kurze Zeit später weckte ihn Chorgesang aus dem Schlaf.

„So, jetzt reicht’s!“

Er stürmte in den Stall und wollte gerade losschimpfen – da flüsterten alle:

„Pssst! Ihr weckt ja das Kind auf.“

„Das Kind?“, fragte der Wirt.
„Ja, heute Nacht ist uns
ein Kind geboren.“
„Ach!“, schnaufte der Wirt
und schaute verärgert in die Krippe.
Und genau in diesem Augenblick
geschah etwas Wunderbares.

„Ach je“, sagte der Wirt, „ist es nicht niedlich?“
Genau genommen fand er das Kind sogar
einmalig.
Darum ging er und weckte alle seine Gäste,
damit auch sie kommen und sehen sollten.
So kam es, dass in dieser Nacht niemand
ein Auge zutat.

Nicholas Allan

Die Heilige Nacht

Gesegnet sei die Heilige Nacht,
die uns das Licht der Welt gebracht! –

Wohl unterm lieben Himmelszelt
die Hirten lagen auf dem Feld.

Ein Engel Gottes, licht und klar,
mit seinem Gruß tritt auf sie dar.

Vor Angst sie decken ihr Angesicht.
Da spricht der Engel: „Fürcht't euch nicht!

Ich verkünd euch große Freud:
Der Heiland ist euch geboren heut."

Da gehn die Hirten hin in Eil,
zu schaun mit Augen das ewig Heil;

zu singen dem süßen Gast Willkomm,
zu bringen ihm ein Lämmlein fromm.

Bald kommen auch gezogen fern
die Heilgen Drei Könige mit ihrem Stern.

Sie knien vor dem Kindlein hold,
schenken ihm Myrrhen, Weihrauch, Gold.

Vom Himmel hoch der Engel Heer
frohlocket: „Gott in der Höh sei Ehr!"

Eduard Mörike

Seite 153

Paul Klee, Nächtliche Blume oder Versunkene Landschaft, 1918

Märchen

Ein großer blauer Falter
ließ sich auf mich nieder
und deckte mich
mit seinen Flügeln zu.

Und tiefer und tiefer
versank ich in Träume.
So lag ich lange und vergessen
wie unter einem blauen Himmel.

Hans Arp

Das Märchenschiff

Text: Klaus W. Hoffmann
Musik: Klaus W. Hoffmann

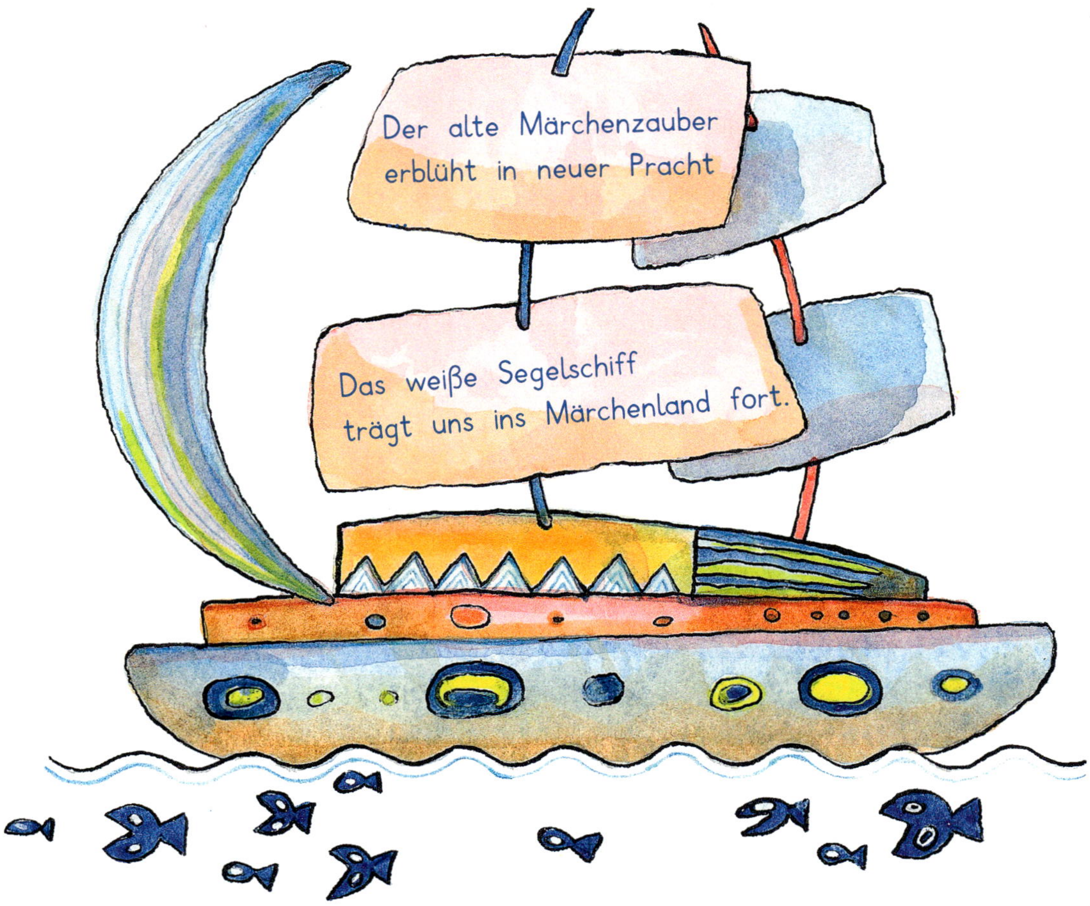

Märchenlandschaft

Ich sehe Hänsel und Gretel.

Kennst du das Märchen mit dem Goldesel?

Ruckedigu, ruckedigu,
Blut ist im Schuh ...

Der Wind, der Wind,
das himmlische Kind ...

Heute back ich,
morgen brau ich und übermorgen
hol ich der Königin ihr Kind.

Spiegelein, Spiegelein an der Wand …

Kikeriki,
unsere schöne Jungfrau
ist wieder hi …

Seite 157

Seite 159

Die Wassernixe

Ein Brüderchen und ein Schwesterchen spielten an einem Brunnen, und wie sie so spielten, plumpsten sie beide hinein. Da war unten eine Wassernixe, die sprach: „Jetzt hab ich euch, jetzt sollt ihr mir brav arbeiten“, und führte sie mit sich fort. Dem Mädchen gab sie verwirrten garstigen Flachs zu spinnen, und es musste Wasser in ein hohles Fass schleppen. Der Junge aber sollte einen Baum mit einer stumpfen Axt hauen; und nichts zu essen bekamen sie als steinharte Klöße.

Da wurden zuletzt die Kinder so ungeduldig, dass sie warteten, bis eines Sonntags die Nixe in der Kirche war, da entflohen sie. Und als die Kirche vorbei war, sah die Nixe, dass die Vögel ausgeflogen waren, und setzte ihnen in großen Sprüngen nach.

Die Kinder erblickten sie aber von weitem, und das Mädchen warf eine Bürste hinter sich. Das gab einen großen Bürstenberg mit tausend und tausend Stacheln, über den die Nixe mit großer Mühe klettern musste; endlich kam sie aber doch hinüber.

Wie das die Kinder sahen, warf der Knabe einen Kamm hinter sich. Das gab einen großen Kammberg mit tausendmal tausend Zinken, aber die Nixe wusste sich festzuhalten und kam zuletzt doch drüber.

Da warf das Mädchen einen Spiegel hinterwärts, welches einen Spiegelberg gab, der war so glatt, so glatt, dass sie unmöglich drüber konnte. Da dachte sie: „Ich will geschwind nach Hause gehen und meine Axt holen und den Spiegelberg entzweihauen.“ Bis sie aber wiederkam und das Glas aufgehauen hatte, waren die Kinder längst weit entflohen, und die Wassernixe musste sich wieder in ihren Brunnen trollen.

Brüder Grimm

Seite 149 Seite 173

Rotkäppchen

Es war einmal ein Mädchen, das hieß Rotkäppchen. Eines Tages schickte es seine Mutter zur Oma. Rotkäppchen fuhr los.

Rotraut Susanne Berner

Seite 173

Die Seele und das Herz des Wals

Es war einmal ein dummer Rabe, der sich gerne wichtigmachte. Viele Stunden flog er übers Meer, bis er schließlich müde wurde. Er hielt nach einem Rastplatz Ausschau, aber nirgends sah er Land. Als er schon so matt war, dass er kaum noch fliegen konnte und in den Ozean zu stürzen drohte, tauchte ein riesiger Wal auf und der Rabe flog geradewegs in sein Maul.

Er purzelte den Schlund des Wals hinab und dachte, dass er sicher sterben müsse. Plötzlich aber fand er sich in einem Haus wieder, einem sauberen und heimeligen Haus, das von Licht und Wärme erfüllt war. Es war ein Haus aus Walbein, gebaut und eingerichtet wie die Häuser der Menschen. Auf dem Bett saß eine junge Frau und hielt eine brennende Laterne. Sie hieß den Raben willkommen und sagte: „Fühle dich wie zu Hause. Aber berühre bitte nie meine Laterne." Der Rabe versprach es. Die junge Frau schien sehr unruhig zu sein. Sie stand immer wieder auf, ging zur Tür hinaus und kam kurz darauf wieder herein. „Was ist los?", fragte der Rabe. „Nichts", sagte das Mädchen. „Es ist nur das Leben. Das Leben und der Atem."

Die junge Frau mit ihrer Laterne hatte den Raben neugierig gemacht. Als sie das nächste Mal den Raum verließ, berührte der Rabe die Kerze in der Laterne. Im gleichen Moment fiel das Mädchen mit dem Kopf zuerst durch die Tür und blieb reglos am Boden liegen. Die Kerze in der Laterne erlosch. Jetzt war es für den Raben zu spät, Reue zu zeigen, denn geschehen ist geschehen. Es gab kein helles warmes Haus mehr und der Rabe blieb allein in der Dunkelheit, inmitten des Geruchs von Waltran[1] und Walblut.

---

[1] Waltran ist flüssiges Fett vom Wal.

Er versuchte einen Weg aus dem Walkörper zu finden, aber es gelang ihm nicht. Ihm wurde immer heißer und er scheuerte sich alle Federn ab. Die Federn wirbelten um ihn herum und er wäre beinahe erstickt.

Die junge Frau war die Seele des Wals und sie ging bei jedem Atemzug des Wals an die Luft hinaus. Ihr Herz war die brennende Kerze. Als der Rabe die Kerze berührt hatte, war die Flamme des Herzens erloschen. Nun war der Wal tot und der Rabe war in seinem Bauch gefangen.

Der Rabe kämpfte um sein Leben und schließlich fand er den Weg hinauf ins Walmaul. Erschöpft setzte er sich auf den Rücken des toten Wals. Eines Tages kam ein Sturm auf und der tote Wal trieb der Küste zu. Die Menschen fuhren in ihren Kajaks hinaus, um ihn an Land zu holen. Als der Rabe sie kommen sah, verwandelte er sich in einen hässlichen alten Mann. Der Rabe sagte nicht: „Ich rührte eine Schönheit an, die ich nicht verstand, und zerstörte sie.“ Er krächzte: „Ich hab den Wal getötet!“ Und der Rabe wurde zu einem wichtigen Mann unter den Menschen.

Inuitmärchen

Seite 155

Früher und heute

Ferdinand Georg Waldmüller, Nach der Schule, 1841

Sechs Sätze für Fabian

Fünfmal einen Kreis schlagen.
Viermal eine Erbse tragen.
Dreimal in der Mitte stehn.
Zweimal um die Ecke sehn.
Einmal an der Nase drehn.
Nach Hause gehn.

Peter Härtling

Schulgeschichten von früher

Die Kinder der Klasse 3c haben ihre Großeltern gefragt,
wie die Schule damals war und haben dann darüber geschrieben:

Früher in der Bauernschaftsschule

Das Gebäude hatte nur einen Klassenraum,
in dem oft 80 – 100 Kinder untergebracht wurden.
Die Kinder saßen zu dritt oder zu viert in einer Bank.
Sie waren in vier Reihen aufgeteilt, in das erste,
das zweite, das dritte und das vierte Schuljahr.
Die Kinder schrieben auf Schiefertafeln mit einem Griffel.
Im Winter musste der Lehrer einen großen Kanonenofen
anmachen. Der Kanonenofen wurde glühend heiß.
Im Sommer mussten die Kinder vormittags Vieh hüten
und nachmittags in die Schule gehen.
Die Kinder mussten barfuß oder in Holzschuhen
über feuchte Wiesen und Wassergräben zur Schule gehen.
Sie mussten viele Kilometer gehen.
Die Mädchen durften nur Kleider anziehen.
Die Jungen kamen in kurzer Lederhose oder in einem Anzug.

Christian

Oma hat Glück gehabt

Einmal ist Oma zu spät zur Schule gekommen.
Da waren die anderen noch beim Beten.
Oma hat schnell ihren Tornister an ihre Bank gestellt
und mitgebetet.
Dann sollte sie einen Satz von der Tafel abschreiben.
Da hat Oma aus Versehen geschrieben:
Ich bin zu spät gekommen.
Dann mussten sie die Hefte abgeben.
Am nächsten Tag hat der Lehrer Oma gelobt,
weil sie so ehrlich war.

Laura

Schulregeln aus der Zeit um 1900

Klassen-Ordnung

1. Beim Eintritt des Lehrers haben die Schüler aufzustehen und denselben im Chor zu grüßen.
2. Jeder Schüler sitzt ordentlich auf seinem Platz.
3. Jeder legt seine Hände geschlossen auf den Tisch.
4. Jeder stellt die Füße genau nebeneinander auf den Boden.
5. Alle Schüler schauen dem Lehrer fest ins Auge.
6. Lachen, Flüstern, Umhergaffen, Hinundherrücken und Herumlaufen sind verboten.
7. Das Melden geschieht bescheiden mit dem Finger der rechten Hand. Dabei wird der Ellenbogen in die linke Hand gestützt.
8. Austeilen: Der Lehrer teilt die Bücher an die Bankobersten aus.
   Auf **eins** nimmt jeder Oberste ein Buch
   und gibt die übrigen schnell an seinen linken Nachbarn.
   Auf **zwei** nimmt der zweite Schüler ein Buch
   und gibt die übrigen weiter, usw.
9. Die Schulsachen und das Schulzimmer müssen reinlich und in Ordnung gehalten werden.

Der Direktor

Klassenregeln heute

Klassenregeln

Ich höre den anderen zu.
Ich sage dir ruhig meine Meinung.
Ich bin ehrlich.
Ich tröste den anderen.

Paola Sabri Heike Daniel Jasmin

Das möchten wir nicht

Ich sage keine Schimpfwörter.
Ich schlage nicht.
Ich ärgere nicht.
Ich kneife nicht.
Ich nehme den anderen nichts weg.
Ich male nicht an die Tafel.

Daniel Melissa Jasmin Leonie Paola Jan

Wie wir gut arbeiten können

Ich bin leise,
wenn wir etwas besprechen.
Ich melde mich.
Ich helfe dir.
Ich leihe dir etwas.

Raul Melissa Leonie Jan Daniel Sabri Heike Ashka Raul Jasmin Paola

Wie ich gut arbeiten kann

Ich sitze ruhig an meinem Platz.
Ich arbeite schnell und gründlich.

Jan Heike Jasmin Leonie Daniel Maren Paola Joana Raul Ashka Melissa Sabri

Astrid Lindgren erzählt von ihrer Kindheit

Also von Anfang an: Geboren wurde ich im November 1907. In einem roten, alten Haus mit Apfelbäumen ringsum. Als Kind Nummer zwei des Landwirts Samuel August Ericsson und seiner Ehefrau Hanna. Der Hof, auf dem wir wohnten, hieß und heißt heute noch Näs und er liegt ganz in der Nähe von Vimmerby, einer kleinen Stadt in Småland[1]. In diesem roten Haus kamen noch zwei Kinder zur Welt. Wir waren also vier Geschwister: Gunnar, Astrid, Stina und Ingegerd, und wir lebten auf Näs ein glückliches Bullerbü-Leben, fast genauso wie die Kinder in den Bullerbü-Büchern.

Kind von Samuel August und Hanna zu sein war schön. Warum war es schön? Darüber habe ich nachgedacht. Wir fühlten uns geborgen bei diesen Eltern, die einander so zugetan waren und stets Zeit für uns hatten, wenn wir sie brauchten.
Dass wir zur Arbeit angehalten wurden, war die natürlichste Sache der Welt. Schon mit sechs Jahren mussten wir beim Rübenziehen und Rupfen der Brennnesseln für die Hühner helfen.

Hier ist Papa mit Ingegerd auf dem Schoß. Daneben mit den lockigen Haaren, das bin ich und vor mir steht Stina. Zwischen Mama und mir steht Gunnar. Er ist der Lasse in Bullerbü.

Astrid Lindgren

---

[1] Das Småland liegt in Schweden.

Wenn wir von der Schule nach Hause gehen

Wir haben immer viel Spaß, wenn wir von der Schule nach Hause gehen, wir Kinder aus Bullerbü. Dann reden wir über alles, was in der Schule passiert ist, und wir erzählen uns Geschichten oder sprechen davon, was wir tun werden, wenn wir einmal groß sind, und so etwas. Manchmal setzen wir uns am Wegrand hin und ruhen uns ein bisschen aus und manchmal klettern wir auf Bäume oder gehen über die Felder und Wiesen statt auf dem Weg, damit es nicht zu eintönig ist.

Mama sagt, dass sie nicht versteht, warum der Weg von der Schule nach Hause mehr als doppelt so lange dauert wie der Weg von zu Hause in die Schule. Ich verstehe es auch nicht. Es ist wirklich merkwürdig. Aber es ist so. Und was soll man dagegen tun? Ich glaube nicht, dass man etwas dagegen tun kann.

Eines Tages, als wir geradezu unheimlich spät nach Hause kamen, sagte Mama zu mir: „Nun erzähl mir einmal ganz genau, was ihr auf dem Nachhauseweg gemacht habt." Das tat ich. Es war so:

Zuerst gingen wir zum Kaufmann in Storbü und kauften braunen Kandiszucker für Großvater. Großvater mag Kandis gern und wir kaufen gern für ihn ein. Er hat den Kandis im Eckschrank in seinem Zimmer und fast jedes Mal, wenn wir zu ihm kommen, gibt er uns ein Stückchen davon. Britta war es, die den Kandis kaufte. Es wäre schon lecker gewesen, ein wenig davon zu probieren, aber wir wussten, dass wir es nicht durften. Britta stopfte die Tüte in ihre Schultasche und sagte: „Wenn sechs Kinder den Kandis probieren, bleibt für Großvater nur noch die Tüte übrig." „Lieber nicht", sagte Lasse. „Es ist besser, wir beeilen uns,

nach Hause zu kommen, bevor ein Unglück geschieht."

Wir fingen also an, nach Hause zu gehen. Aber Bosse ist immer sehr gierig nach Bonbons und er sagte:

„Wenn man doch nur eine Krone hätte! Dann würde ich für das ganze Geld Bonbons kaufen."

„Ja, aber du hast keine Krone", sagte Inga. „Zufällig!"

„Nein, aber stell dir vor, man würde eine finden", sagte Bosse. „Zufällig!"

„Wie sollte das wohl zugehen?", fragte Britta. „Du guckst doch beim Gehen immer nur in die Luft. Du müsstest wenigstens jetzt mal auf den Weg sehen."

Da beschloss Bosse, von nun an auf den Weg zu sehen. Und er war bestimmt noch keine fünfzig Meter gegangen, als er eine Krone fand. War das nicht fast ein Wunder? Vielleicht gibt es Zwerge, die hören, was man sich wünscht, und die streuen einem dann Geldstücke auf den Weg. Diese Krone hier lag genau an der Weggabelung, dort, wo der Weg nach Bullerbü abzweigte.

Zuerst stand Bosse nur da und starrte die Krone an, als könne er einfach nicht daran glauben. Aber dann hob er sie auf, lief damit zum Geschäft nach Storbü zurück und kaufte Bonbons, genau wie er es gesagt hatte. Wir warteten an der Weggabelung. Und als er zurückkam, bot er uns allen Bonbons an.

„Wenn man sich vorstellt, wie einfach es ist, Geld zu finden", sagte Bosse, „und was für Summen man schon achtlos liegen gelassen hat."

Oh, starrten wir nachher alle auf die Erde! Lasse sagte: „Wenn man doch nur eine Krone hätte!" Er glaubte wohl, dass ein Zwerg auch für ihn eine Krone bereitlegen würde. Aber Lasse fand keine Krone. Da sagte er: „Wenn man doch nur fünfzig Öre hätte!"

Aber er fand keine fünfzig Öre. Da er nicht so schnell aufgeben wollte, sagte er: „Wenn man doch nur zehn Öre hätte!“ Aber auch die fand er nicht. Da rief er wütend: „Ihr werdet sehen, ein Öre finde ich!“ Auch das fand er nicht. Weder er noch ein anderer. Niemand von uns hat jemals ein einziges Öre gefunden seit dem Tag, als Bosse die Krone fand. Bosse bot uns Bonbons an, während wir nach Hause gingen. Aber dann kam er auf die Idee, dass wir um die Wette ausprobieren sollten, wer einen Bonbon am längsten im Mund behalten konnte, ohne dass er zerging. Sicher hatte er sich das ausgedacht, damit seine Bonbons länger reichten.

Wir nahmen also jeder ein Bonbon in den Mund und lutschten so langsam daran, wie wir nur konnten. Und nach einer Weile stellten wir uns mitten auf dem Weg im Kreis auf, streckten die Zungen heraus und verglichen. Von den Bonbons war kaum noch etwas übrig.

Bullerbü hatten wir jetzt halbwegs erreicht, und wir standen genau vor Schuhmacher Netts Häuschen. Der Schuhmacher streckte den Kopf aus dem Küchenfenster und sagte, wenn einer unter uns wäre, der noch ein bisschen vernünftig sei, dann könne er ja Agdas neu besohlte Schuhe mit nach Hause nehmen. Da hatten wir es aber eilig, unsere Zungen zurückzuziehen! Denn wir wollten ja nicht, dass jemand sehen konnte, wie wir unsere Bonbonreste verglichen. Übrigens gewann Britta den Bonbonwettstreit. Und Lasse nahm Agdas Schuhe und steckte sie in seinen Ranzen.

Astrid Lindgren

Alte Spiele, die heute noch Spaß machen

Viele alte Spiele sind heute fast in Vergessenheit geraten.
Zwei sollen hier vorgestellt werden:

Peitschenkreisel

Bereits im Mittelalter, als die Ritter lebten,
spielten Kinder mit Kreisel und Peitsche.
Und so wird es gespielt:
Die Schnur der Peitsche wickelt man von unten nach oben
im Uhrzeigersinn um die Rillen des Kreisels.
Dann stellt man den Kreisel auf den Boden und hält ihn fest.
Wenn du schnell an der Peitschenschnur ziehst und gleichzeitig
den Kreisel loslässt, gerät dieser in Schwung. Mit Peitschenschlägen
kann er immer wieder neu angetrieben werden.
Ziel ist es, ihn so lange wie möglich tanzen zu lassen.

Heinrich Herlyn

Hier spielen Kinder mit dem Peitschenkreisel (1929).

Himmel und Hölle

Auch ein sehr altes Spiel ist **Himmel und Hölle**.
Man nennt es auch **Hinkeln.**
Es haben sogar schon die alten Römer gespielt.

Die Kinder bilden Gruppen von je höchstens 6 Kindern.
Jede Gruppe zeichnet sich mit Kreide die Hüpfkästchen in die Erde.
Zur Probe werden alle Kästchen von den Kindern durchgehüpft.
Dabei hüpfen alle mit beiden Beinen in die Kästchen,
in zwei nebeneinanderliegenden Kästchen wird gegrätscht.
Die Hölle muss übersprungen werden und im Himmel darf man sich
kurz ausruhen, bevor man wieder zurückhüpft.
Wer einen Fehler macht, setzt eine Runde aus.
Beim nächsten Durchgang wirft jedes Kind
vom Startfeld aus einen Stein oder ein Klötzchen.
Der Stein darf nicht in der Hölle landen,
sondern muss in einem anderen Kästchen
zum Liegen kommen.
Beim anschließenden Durchhüpfen
muss das Kästchen ebenso wie die Hölle
übersprungen werden.
Auf dem Rückweg vom Himmel
wird dann in das Kästchen mit dem Stein
gehüpft und der Stein wieder aufgenommen.

Schwieriger ist es, wenn man auf einem Bein
oder rückwärts hüpft.

Felix Binder

Dieses Mädchen wurde 1934 fotografiert.

Von Großvaters Kindheit

Herbert Günther erzählt aus der Zeit, in der sein Vater Theo auf dem Dorf ein Kind gewesen ist. In der Zeit gab es noch kein Fernsehen und keine Computer, und Automobile waren eine Seltenheit. Besonders auf dem Land ...

In der Küche ist es bullerwarm. Rauch kriecht Theo in die Nase. Sofort fällt es ihm ein: Heute ist Backtag.
Die Mutter steht vor der halb geöffneten Backofentür und wirft gerade vom Holz nach, das Anna und Theo gestern aus dem Holzstall hereingetragen haben. Theo freut sich. Er kennt keinen besseren Geruch als den von frisch gebackenem Roggenbrot. Wenn er heute von der Schule kommt, wird das ganze Haus danach riechen.

Anna sitzt schon bei Oma Berta und Opa Heinrich am langen Tisch im Esszimmer, das eine Stufe höher – ohne Tür dazwischen – an die Küche grenzt. Auch die vierjährige Lisa ist schon auf, obwohl sie doch zu Hause bleiben kann. „Lisa hat's gut", denkt Theo. Dampf und Wärme und ein wenig Backofenrauch erfüllen die Luft in der Küche. Die neumodische Lampe mit der elektrischen Birne, die erst seit Sommer die Petroleumlampe ersetzt, wirft ein schummeriges Licht.

Theo nimmt einen Eimer von der Eimerbank und schwappt sich kaltes Wasser in die Emailleschüssel auf dem Metallgestell. Gerade als er aus dem Stieltopf vom Herd warmes Wasser nachgießt, kommt Wilhelm zur Tür herein und sagt: „Nimm nicht so viel!

Ich will's auch noch warm haben!"
„Bäh!" macht Theo.

Jetzt im Winter ist Wasser eine besonders kostbare Sache. Sie holen es von der Pumpe draußen im Hof. Vor ein paar Tagen hat Opa Heinrich eine dicke Schicht Stroh um die Pumpe gelegt, damit sie nicht einfriert. Knecht Gustav hat ihr einen alten Hut aufgesetzt. Dann hat es geschneit. Jetzt sieht die Pumpe aus wie ein Schneemann mit einem kurzen dicken und einem langen dünnen Arm.
„Träum nicht!", sagt Wilhelm und stößt Theo in die Rippen.
„Hopp, hopp, ich muss auch noch!"
Theo schüttet das Seifenwasser aus der Emailleschüssel in den Abwassereimer und stellt die Schüssel auf das Gestell zurück.
„Na, endlich", sagt der große Bruder.

Auf zwei Stühlen am warmen Herd steht der Backtrog mit dem Brotteig, den die Mutter gestern Abend mit den Händen geknetet und mit Sauerteig vermengt hat. Und auf dem Tisch dahinter liegen, schon geformt, drei große Christstollen, und überall spitzen die Rosinen aus dem hellen Teig. Die Stollen warten darauf, in den Backofen geschoben zu werden.

Wenn er schon nicht dabei sein kann, denkt Theo, steht ihm wenigstens eine kleine Rosinenprobe zu.
So unauffällig wie möglich schlendert er am Küchentisch vorbei ...

Herbert Günther

Seite 155

Sprechen, schreiben, mailen

Josef Albers, Interaktion der Farbe, 1974

Farben können ganz unterschiedlich aussehen,
je nachdem auf welchem Hintergrund sie gemalt sind.
Ganz ähnlich ist es mit Wörtern:

„Ich kann drei Meter tief tauchen“, sagt Ali zu Josefine.
Sie lächelt ihn an und antwortet: „**Toll**!“
Roland steht neben den beiden, grinst gemein
und meint spöttisch: „Ist ja **toll**!“

Wörtertauschen

Schenk mir deine Wörter
Ich gebe dir meine dafür:

Glück für bonheur
und Blume für fleur
misère für die Not
le pain für das Brot
le rêve für den Traum
und arbre für Baum
die Mutter für mère
den Vater für père
mein gut für dein bon
mein nein für dein non
dein oui für mein ja
dein près für mein nah
und ich für moi
und du für toi

lass uns die Wörter
tauschen, bis einer
den anderen kennt
und kein Wort uns
mehr trennt.

Margret Klare

Miteinander sprechen

heißt Neuigkeiten erzählen und erfahren,
heißt Gefühle ausdrücken können,
heißt sein Wissen mit anderen teilen
und angehört werden.

Wir können ohne Worte ausdrücken, wie wir uns fühlen.

Wir können ohne Worte etwas mitteilen.

Wir bekommen Informationen auch ohne Worte.

Wir können uns auch anders informieren.

Gespräch über die Straße

Hans
(auf der einen Seite):

Fritz
(auf der anderen Seite):

Was machst du?!

Was ich lache? Ich lach
ganz und gar nicht.
Mir ist's eher zum Heulen!

Wie? Was?

Zum Heulen!!

Ach, Beulen hast du.
Warum hast du nichts
draufgelegt?

Aufgeregt ist gut!
Aus dem Häuschen bin ich,
das kannst du mir glauben.

Ja, doch, ich hol Trauben.
Von den blauen!

Was sagst du?

Von den blauen!

Wem erzählst du das? Bestimmt
kann man niemandem trauen!

Klauen? Die Trauben klauen?
Das kommt wohl von den
Beulen, du bist ganz verstört.

Mich? Mich heulen gehört?
Das ist gar nicht möglich,
ich hab's doch verkniffen!

Beruhige dich, natürlich
habe ich dich begriffen.
Komm doch mit mir!

Was? Wie ein Tier?
Musst du mich jetzt auch noch
quälen?!

Nun wird's mir aber zu bunt!
Weißt du, ich find das
zum Heulen!

Prima Idee!
Also treffen wir uns
bei den Litfaßsäulen!

Hans Manz

Seite 161 Seite 173

Tonella vom Telefon

Jan ruft seine Oma an: „Hallo Oma! Hier ist Jan."
„Oh Jan, mein Junge! Das ist aber lieb, dass du …"
Tonella spricht vor sich hin: „Lieb, fiep, Dieb …"
Die Oma sagt: „Ja-an? Bist du noch dran?
Da ist eine Störung in der Leitung!"
Jan hat zwar nichts gehört, doch er sagt:
„Ja, es piept was. Ich wollte dich auch
nur fragen, ob mein Gabelstapler bei dir ist."

Tonella steckt zwei Kabel um:
„Gabelstapler, Stapelgabler, Babelwabler, Brabelwabel …"
Jan denkt: „So hat die Oma ja noch nie geredet." Aber er sagt nichts.
Die Oma denkt: „So frech hat der Junge ja noch nie
mit mir gesprochen. Ich stammle doch nicht." Sie ist verärgert:
„Hör mal, mein Junge! Wie du mit deiner Oma sprichst,
das ist gar nicht lieb. Und dein Spielzeug ist auch nicht hier.
Du musst eben mehr Ordnung halten!"
Tonella steckt einige Kabel um: „Ordnung, Tortung, Tunfung, Unfug …"
Die Oma ist wütend: „Jan! Das hätte ich nicht von dir gedacht!
Wenn du mich veräppeln willst, leg ich jetzt auf."
Jan entschuldigt sich: „Oma, ich hab doch gar nichts gesagt.
Da ist jemand im Telefon, der quatscht doof!"
Jetzt ist Tonella sauer. Sie ruft: „Ich quatsch nicht doof! Du bist doof!"
„So Jan! Das reicht mir! Ich mach jetzt Schl…"
Auch Tonella hat genug. Sie haut die Leitung entzwei.
Jan ruft in den Hörer: „Oma, ich war das doch gar nicht!
Oma? Oma, bist du noch da?"
Tonella antwortet: „Nein, deine Oma ist abgekabelt. Hier bin ich."
Jan erschrickt. Diese Stimme hat er noch nie gehört.
Er stammelt: „Wer – wer – iiist – iich?"

Renate Schmitz/Heiner Waniek

Seite 151 Seite 161 Seite 173

Telefon und Handy

Telefone mit Schnur, wie das in der Geschichte von Tonella, sind heute eher selten geworden. Viele Menschen in Deutschland haben Handys, die sie überall hin mitnehmen können. Das ist auf der einen Seite sehr praktisch, weil man immer erreichbar ist. Auf der anderen Seite sind Handys aber auch oft störend, zum Beispiel im Kino oder in der Bücherei. Außerdem ist das Telefonieren mit Handys viel teurer als mit einem einfachen Telefon.

Mit dem Handy kann man nicht nur telefonieren, sondern auch kurze Briefe schreiben. Diese nennt man SMS. Das ist eine Abkürzung, die für die englischen Wörter Short Message Service steht. Das heißt auf Deutsch: Dienst für kurze Botschaften. Manche Leute schreiben sogar Gedichte auf ihrem Handy und schicken diese dann an jemanden, den sie gern haben.

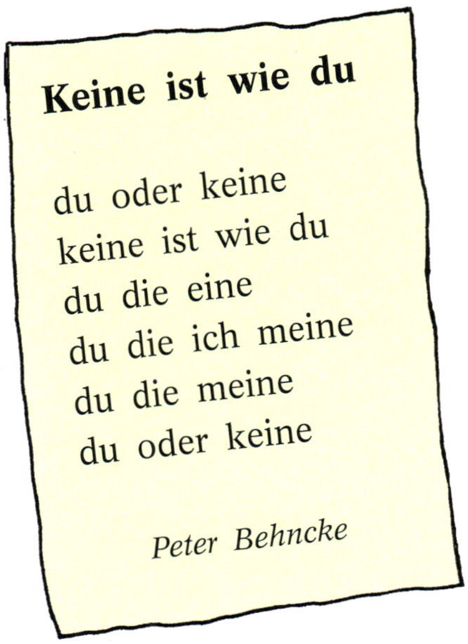

Keine ist wie du

du oder keine
keine ist wie du
du die eine
du die ich meine
du die meine
du oder keine

Peter Behncke

Mondgedicht

. . , –
fertig ist das
Mondgedicht

Robert Gernhardt

Briefe von Krähe und Sperling

Lieber Sperling,

es regnet und soll ich dir was sagen?
Es hört nie mehr auf zu regnen.
Es wird immer und immer weiterregnen.
Nenn nur einen Tag, Sperling,
so weit weg wie möglich.
An diesem Tag wird es immer noch regnen.
Und den Tag danach auch. Ich weiß das.
Bis jetzt kam die Sonne immer wieder
zum Vorschein. Aber nun nicht mehr.
Du wirst sie nie mehr sehen, Sperling.
Auch keinen Staub, in dem du dich baden kannst.
Schlamm wird es geben. Matsch.
Du wirst schon sehen.
Hast du mal was von Strömen gehört?
So wird es bleiben, Sperling: Es regnet in Strömen.
Was hör ich da? Zischen?
Aha. Es regnet nun sogar auf die Sonne, Sperling.
Die Sonne ist drauf und dran, auszugehen
hinter den Wolken. Das zischt so. Ja, ja Sperling.
Pass nur auf, wenn gleich ein nasses, rundes Ding
vom Himmel plumpst. Hüte dich davor,
dass es dir auf den durchgeweichten Kopf fällt.

Du mit deinem ewigen sorglosen Gezwitscher.
Als ob alles selbstverständlich wäre.

Krähe

Liebe Krähe,

ich habe deinen Brief bekommen. Vielen Dank!
Ich habe ihn erst trocknen lassen und dann
gelesen. Sehr interessant. Ich freue mich immer,
wenn ich Post von dir bekomme.
Nimm es mir nicht übel, dass ich vor Freude
doch kurz gezwitschert habe.
Wenn ich hochschaue, kann ich dich
gerade noch sehen, weißt du das?
Auf dem untersten Ast der Eiche.
Deine Federn glänzen in der Sonne.
Ich finde, dass du sehr schön krächzt.
Traurig, aber gerade das ist so schön.

Sperling

Toon Tellegen

Lieber Sperling,
ich höre deinen Gesang sehr gern.
Er erzählt mir vom Sommerwind und vom Morgentau.
Ich hoffe, dass du noch lange bei uns bleibst.
Wo bist du eigentlich im Winter?
Und: Stimmt es, dass du nur bei Sonnenschein singst?
Warum ist die Krähe so schlecht gelaunt?
Viele Fragen! Bitte antworte mir bald!
Herzlich grüßt dich deine Stephanie

Storym@iling[1]

Im Internet kann man mit anderen Kindern gemeinsam Geschichten erfinden oder selbst erfundene Geschichten als E-Mail einander zuschicken. E-Mails sind Texte, die am Computer geschrieben werden und über das Internet verschickt werden.

Das haben die Kinder einer Grundschule in Remscheid gemeinsam mit den Kindern einer Grundschule in Solingen gemacht. Beide Schulklassen haben sich Zirkusgeschichten ausgedacht, die ganz unglaublich sein sollten. Manche davon waren wahr, andere waren erfunden. Die jeweils andere Klasse musste wie bei einem Rätsel herausfinden, welche Geschichte erfunden und welche wahr ist.

Zuerst haben alle Kinder von ihren tollsten Zirkus-Erlebnissen erzählt. Dann haben sie sich ganz verrückte Zirkuskunststücke ausgedacht.

Zu ihren Geschichten haben sie Bilder gemalt. Die Bilder wurden mit einer digitalen Kamera fotografiert und in den Computer eingelesen.

@: Dieses Zeichen nennt man Klammeraffen.
Es gehört zu jeder E-Mail-Adresse.
Man spricht es **ät**.

Danach haben die Kinder ihre Geschichten in den Computer getippt. Das war gar nicht so einfach.

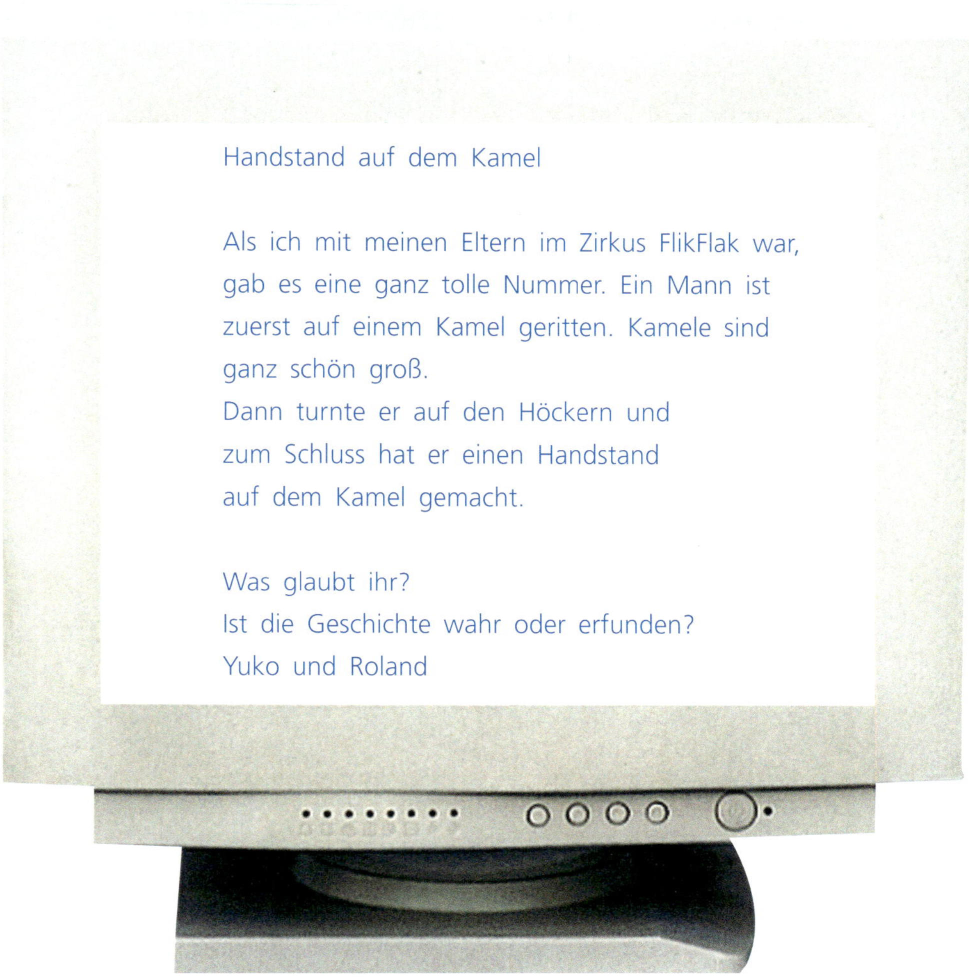

Handstand auf dem Kamel

Als ich mit meinen Eltern im Zirkus FlikFlak war, gab es eine ganz tolle Nummer. Ein Mann ist zuerst auf einem Kamel geritten. Kamele sind ganz schön groß.
Dann turnte er auf den Höckern und zum Schluss hat er einen Handstand auf dem Kamel gemacht.

Was glaubt ihr?
Ist die Geschichte wahr oder erfunden?
Yuko und Roland

Yuko und Roland haben ihre Geschichte und ihr Bild zu den Kindern in Solingen als E-Mail geschickt. Die Solinger Schüler haben die Geschichte geglaubt. Danach haben Yuko und Roland eine unglaubliche Zirkusgeschichte von den Solinger Kindern gelesen und ihnen geantwortet. Die beiden Schulklassen kannten sich vorher nicht. Jetzt möchten sie sich einmal richtig treffen.

Seite 157

Unterwegs sein

Katharina Tscherner, Mobilität, 1999

sausenbrausenknatternratternzischenquietschen

flitzenhupenpolternkurvenrollenfahrenbremsen

In der Stadt

Fahr ich mit der Straßenbahn,
schau die vielen Häuser an,
schnell, schnell, eins zwei drei,
wieder eins vorbei.

Fahr ich mit dem Autobus,
wo der Fahrer steuern muss,
Straßen kreuz, Straßen quer,
alles voll Verkehr.

Alles eilt und alles rennt.
Ob da irgendwo was brennt?
Aber nein, aber wo!
Das ist immer so.

Doris Mühringer

Fahrrad

Bus

Eisenbahn

Seite 153 Seite 161 Seite 163

Die Busfahrerin

An jenem Morgen war ich grässlich müde und hatte noch weniger Lust als sonst, in die Schule zu gehen. Das will was heißen.

Als Mama mich weckte, sagte ich ihr, dass ich krank sei.

Ich hustete und machte Hundeaugen. Das versuche ich aber jeden Tag, also glaubte sie mir nicht und zwang mich aufzustehen.

Tatsache ist, dass ich mich an jenem Morgen gar nicht gut fühlte. Gänsehaut, heiß-kalt, kalt-heiß, dazu noch Augen, die kein bisschen aufgehen wollten.

„Hopp, aufstehen!“ Warmer Kakao, Waschlappen, Socken, Schultasche und halb fertige Aufgaben. Vor die Tür gesetzt, musste ich zur Busstation, auch, wenn es kalt war und ich überhaupt nicht wollte. Manchmal würde ich nämlich gerne wie alle anderen in der Stadt wohnen, dann wäre es nur ein Katzensprung zur Schule.

„Hallo.“ Christoph war schon da. Er ist immer schon vor mir da. Ich habe wirklich Pech. Ich lebe auf dem Land, und er ist weit und breit der Einzige in meinem Alter.

„Hast du gestern ferngesehen? Hättest du sollen, da war ein Affe, der telefoniert hat.“

Gott sei Dank kam der Autobus, bevor er mir auch noch die Geschichte von der Auster und dem Traktor erzählen konnte. Er ist wirklich ein Dummkopf, dieser Christoph.

Ich zückte meinen Busausweis und sagte: „Guten Tag, Madame.“

Dann setzte ich mich hin. Nicht ans Ende, dort sind die Großen, sondern in die Mitte auf einen Fenstersitz, um in die Landschaft zu sehen. Jeden Tag versucht Christoph, sich ans Ende zu setzen, und jeden Tag wird er von den Achtklässlern wieder verscheucht.

„Hau ab!“ Dann möchte er sich’s neben mir gemütlich machen, aber ich baue meinen Ranzen auf und sage: „Besetzt!“

Ich sitze gerne über dem Rad. Wenn ich mein Ohr an die Scheibe drücke, wackelt es so schön. An dem Tag aber fielen meine Augen zu. Ich kringelte mich im Sitz ein und zog meine Jacke über den Kopf. Ich hörte, wie die Türen auf und zu gingen, wusste, an welcher Station wir waren, und wer ausstieg. So was merke ich, vor allem, wenns Roman ist. Der rempelt mich

immer absichtlich an. Wenn ich meine Augen schloss, roch der Tabak der Fahrerin noch schaler. Ein Riesenhaufen Zigarettenstummel quoll aus dem Aschenbecher.

Das Krächzen des Radios wurde lauter, und ich spürte jeden Stein auf der Straße. Je näher wir der Stadt kamen, umso voller wurde der Bus. Komisch, an jenem Morgen merkte ich nicht, wie Roman mich anrempelte. Ich hörte auch nicht, dass Christoph versuchte, sich neben mich zu quetschen. Nein, ich weiß noch, ich war in den Bus gestiegen, doch ich kann mich nicht daran erinnern, wieder ausgestiegen zu sein. Ich war nämlich eingeschlafen. Ich träumte von meiner Decke, meinem Kissen und meiner Katze. Ich träumte, dass ich in meinem Bett lag und dass meine Mutter eine Tafel Schokolade und einen Stoß Comics auf meinem Nachttisch gelassen hatte. Das tut sie immer, wenn ich erkältet bin und nicht in die Schule gehe.

Ich war allein mit meiner Katze, gemütlich schnurrten wir beide vor uns hin. Plötzlich: „Was macht'n der da?“ Eine Stimme. Eine tiefe Stimme.

„Das kann doch nicht wahr sein. Mach schon, wach auf!“

Ich öffne also die Augen. Es ist die Fahrerin.

„Na super! Glaubst du, ich hab nichts Besseres zu tun, als mich um dich zu kümmern?“ Mit dicken Händen auf breiten Hüften sieht sie noch furchtbarer aus als sonst. „Du Schlaumeier!“

„Was?“

„Na wenigstens wacht er auf!“

„Wo bin ich?“ „Wo du bist? Im Depot bist du, an der Endstation! Ich bin fertig mit meiner Runde!“

Ich traue mich nicht zu gähnen. Ich unterdrücke es mühsam, tue, was ich kann, aber die Müdigkeit bleibt. Ich blicke um mich. Der Bus steht neben den anderen Bussen vor einer Halle. Am liebsten würde ich mich hinlegen und wieder schlafen.

Vincent Cuvellier/Candice Hayat

Seite 155

Wir gehen auf Klassenfahrt

Jonas kann es kaum erwarten. Im Juni gehen alle 26 Kinder der Klasse 3c für drei Tage ins Schullandheim nach Konstanz an den Bodensee.
Bis dahin gibt es aber noch einiges zu tun:

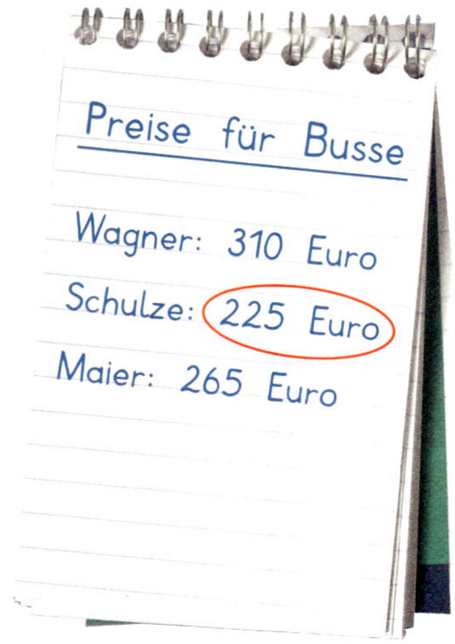

- Tim, Rami und Jenny werden beauftragt herauszufinden, wie viel die Fahrt von Ulm nach Konstanz mit dem Reisebus kostet. Dazu müssen sie Preisangebote von verschiedenen Busunternehmen einholen. Diese suchen sie sich aus dem Telefonbuch heraus.

- Sabrina, Jessica und Sebastian fahren zum Bahnhof, um herauszufinden, wie viel die Strecke mit dem Zug kostet. Auch hier gibt es verschiedene Möglichkeiten zu reisen. Wenn man zum Beispiel eine Gruppenkarte kauft, ist es viel billiger. Wenn man mit dem Regionalzug fährt, kostet es auch weniger als mit dem ICE, dafür dauert die Fahrt aber etwas länger.

- Sie erkundigen sich auch nach den Abfahrts- und Ankunftszeiten verschiedener Züge. Wichtig ist auch, wie lange der einzelne Zug unterwegs ist und wie oft man dabei umsteigen muss.

Jonas und seine Freunde haben herausgefunden, dass es in der Nähe des Schullandheims auch ein Schifffahrtsmuseum gibt. Das wollen sie unbedingt besuchen. Außerdem erkundigen sie sich über das Internet, welche Sehenswürdigkeiten und Ausflugsziele es in der Umgebung sonst noch gibt. Sie haben dazu auch mehrere Prospekte beim Fremdenverkehrsamt von Konstanz angefordert.

Die Lehrerin und ein paar Kinder schauen sich die Wanderkarte an und beratschlagen, welche Wanderungen sich für die Klasse eignen. Sie sammeln mehrere Vorschläge, damit später darüber abgestimmt werden kann.

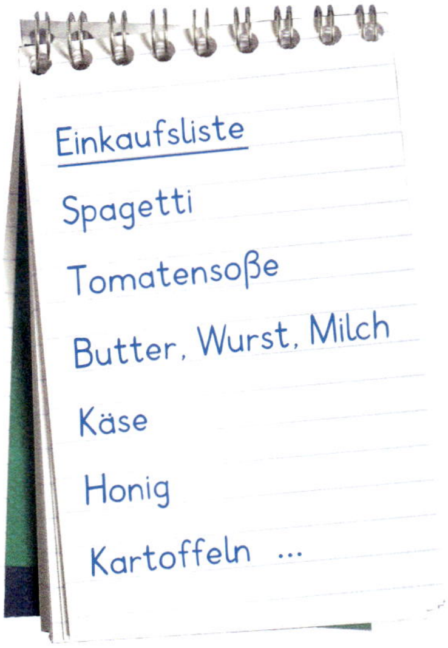

Auch der Speiseplan muss erstellt werden, da die Klasse beschlossen hat, selbst zu kochen. Ein paar Kinder erstellen eine Einkaufsliste. Das ist gar nicht so einfach. Wie viel Spagetti braucht man für 26 Kinder und zwei Erwachsene?

Franziska, Lars und Sascha sammeln Spielideen und planen die Party für den Abschlussabend. Für Regentage haben sie sich auch etwas ausgedacht.

Jonas streicht jeden Morgen einen Tag im Kalender aus.
Jetzt heißt es nur noch warten, bis es endlich losgeht!

Annette Graf

Was kommt dann?

Haustiere aus Blech

Bei den Menschen gab es ein neues Haustier, den Käfer aus Blech.
Da krochen die Leute hinein und blieben oft für Stunden drin,
um an einen anderen Ort zu gelangen.

Das neue Haustier lärmte und spie giftige Gase aus.
Und es vermehrte sich.

Bald gab es Millionen davon. Es bevölkerte Straßen, Plätze und
die Landschaft, bis den Menschen kein Platz mehr übrig blieb.

Jürgen Spohn

Ich fahre mit dem Fahrrad.
Ich trete in die Pedale.
Ich fahre mit dem Fahrrad.
Der Wind saust mir um die Ohren.
Es geht bergauf und wieder bergab.
Es ist ganz still und es riecht so gut nach Blumen.
Ich fahre mit dem Fahrrad.

Lichter blinken

Ich gehe durch die Stadt.

es stinkt

Autos rasen

Reifen quietschen

Seite 159

Mobilität in aller Welt

Sina wohnt in **Finnland**.
Das ist ganz im Norden von Europa.
Dort ist der Winter sehr lang und sehr kalt. Sinas Familie fährt zu dieser Zeit mit dem Motor- oder Rentierschlitten oder auch auf Schiern zur Arbeit, zum Einkaufen und zur Schule.

Jasmin wohnt in **Deutschland**, mitten in Stuttgart. Dort fahren die meisten Menschen mit der U-Bahn oder der S-Bahn zur Arbeit.
Die U-Bahn ist ein Zug, der unter der Erde durch einen langen Tunnel fährt. Darum sagt man Untergrundbahn dazu. Die S-Bahn fährt über der Erde auf Schienen, sie heißt eigentlich Schnell-Bahn.

Marco wohnt in Venedig.
Das ist eine Stadt in **Italien**.
Dort kann man hunderte von Brücken sehen, weil es dort statt Straßen Wasserkanäle gibt.
Die Stadt ist für Autos gesperrt.
Marco muss also zu Fuß gehen, mit einer Gondel oder einem Boot fahren.

Sara wohnt in **Australien**. Das beste Verkehrsmittel ist in manchen Gegenden das Flugzeug. Die Entfernungen dort sind sehr groß, mit viel Wüste dazwischen. In Australien ist es gar nicht so ungewöhnlich, dass man schon mit 16 Jahren den Flugzeugführerschein macht.

Achmed wohnt in Adrar. Das ist in **Algerien**. Dort gibt es viel Wüste. Manche Menschen reiten auf wankenden „Wüstenschiffen". Das sind Kamele, die sich perfekt an die Wüste anpassen können. Auf weite Reisen begibt man sich gemeinsam mit anderen Reisenden in der Kamelkarawane. So reitet man zum Beispiel zusammen zum Markt.

Originalbeitrag

1. Wofür steht die Abkürzung U-Bahn?
2. Was ist ein wankendes Wüstenschiff?
3. In welcher Stadt kann man nicht mit dem Auto fahren?

Seite 147

Claude Monet, Seerosen, 1916 – 1923

Das Wassertröpflein

Tröpflein muss zur Erde fallen,
muss das zarte Blümchen netzen,
muss mit Quellen weiterwallen,
muss das Fischlein auch ergötzen,
muss im Bach die Mühle schlagen,
muss im Strom die Schiffe tragen.
Und wo wären denn die Meere,
wenn nicht erst das Tröpflein wäre.

Johann Wolfgang von Goethe

 Seite 153 Seite 159 Seite 167

Elfchen

Bewundernswert
Leuchtende Farben
Wurzelt im Wasser
Sie beruhigt mich sehr
Seerose

Sandra und Simone

Schillernd
Die Flügel
Bunte, schnelle Jäger
Ich träume ihnen hinterher
Libelle

Maximilian

Schwarz
Unendliche Tiefe
Abwärts zum Grund
Wie kann er atmen?
Taucher

Sandy und Jan

Braungefleckt
Gute Schwimmerin
Viel freches Geschnatter
Ich höre gerne zu
Ente

Annika und Karina

In der Kläranlage

In der Kläranlage wird das Wasser durch Filtern und Sinken gereinigt. Aber auch in der Natur reinigt sich Wasser, wenn es durch Erd- und Gesteinsschichten nach unten sickert. Als Quell- oder Grundwasser wird es später wieder von Menschen genutzt. Manche Stoffe können sich im Wasser auflösen, so dass sie unsichtbar werden, wie zum Beispiel Zucker. Aber auch gefährliche Chemikalien können im Wasser enthalten sein, obwohl es klar und sauber aussieht. Nicht immer kann eine Kläranlage diese Stoffe herausfiltern. Rückstände, beispielsweise aus Medikamenten, sind auch noch im Wasser, wenn es wieder aus der Kläranlage herausfließt. Bau doch mal deine eigene Mini-Kläranlage und beobachte, wie sich das Wasser reinigen lässt!

Mach mit: Mini-Kläranlage 1

Du brauchst:

- fünf Marmeladengläser,
- Schlamm, Salatöl, Wasserfarbe, Zucker, Mehl (jeweils zwei Esslöffel).

Fülle jedes Glas zur Hälfte mit Wasser und rühre eine der Zutaten gründlich hinein. Deckel drauf und gut schütteln. Wie sieht das Wasser jetzt aus? Lass die Gläser eine halbe Stunde stehen ohne sie zu bewegen. Was ist passiert?

Mach mit: Mini-Kläranlage 2

Du brauchst:
- eine große Plastikflasche mit Schraubdeckel,
- eine Schere,
- eine Tasse Sand,
- eine Tasse Kieselsteine,
- eine Hand voll Watte,
- ein Marmeladenglas mit selbst angerührtem Schmutzwasser (z.B. Erde, Sand, Sägespäne ...).

1 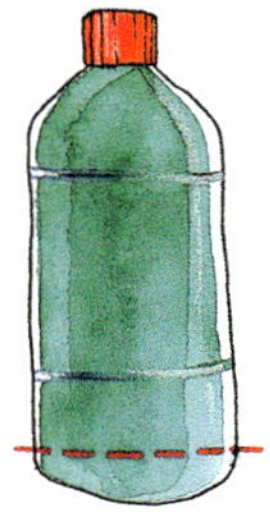

2 

3 

4 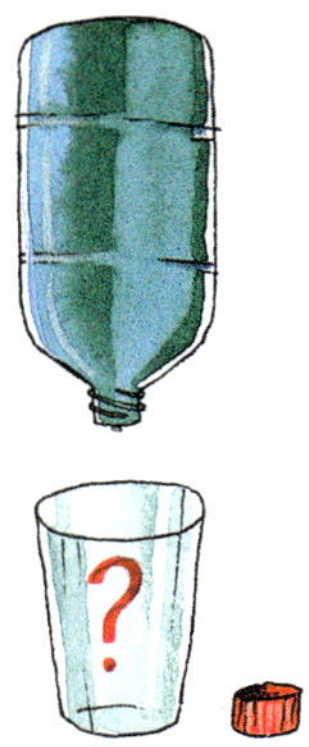

1 Lass dir von einem Erwachsenen helfen, den Boden der Flasche abzuschneiden (z.B. mit einer Laubsäge).

2 Schraube den Deckel der Flasche gut zu und stelle sie auf den Kopf.
Fülle erst Watte, dann Sand, dann Kies in die Flasche.

3 Was passiert, wenn du Schmutzwasser in die Flasche gießt?

4 Schraube den Deckel ab und lass das Wasser in ein Glas laufen.
Wie sieht das Wasser jetzt aus?

Siegrid Schießer

1. Welche Stoffe lösen sich im Wasser auf?
2. Was ist eine Kläranlage?
3. Wie reinigt die Natur Wasser?

Seite 147

Wenn Wasser krank macht

Wer sich im „Sandmeer“ verirrt, dem ist klar: Wasser ist in der Wüste kaum zu finden. Ein Schiffbrüchiger auf dem Meer erleidet dagegen doppelte Qualen: Er befindet sich inmitten von Wasser und hat trotzdem keines zu trinken. Denn Salzwasser würde unseren Körper austrocknen und krank machen. Wir können nur Süßwasser trinken.

Eigentlich könnten sich alle Menschen auf der Erde mit einem Schiffbrüchigen vergleichen, weil wir inmitten von gewaltigen Wassermengen leben – und beinahe nicht genug zu trinken haben. Etwa drei Viertel der Erdoberfläche sind von Wasser bedeckt. Aber eben vom Salzwasser der Meere! Von 100 Litern[1] Wasser auf der Erde ist bloß ein Zahnputzbecher voll nicht salzig oder gefroren.

Keine Panik – diese Menge Süßwasser reicht genau genommen leicht für alle Tiere und Pflanzen, die nicht im Meer leben. Auch für uns Menschen. Wenn das Süßwasser nicht „ungerecht“ verteilt wäre. Bei uns in Europa gibt es genug. Wird unser Wasserverbrauch auf alle Menschen, die hier leben, umgerechnet, verbraucht jede Person pro Tag 145 Liter. In Afrika dagegen sind für einen Menschen am Tag höchstens 20 Liter Wasser da. Dort herrscht das ganze Jahr über meist Trockenheit. Oft ist das wenige Wasser nicht sauber.

In den armen Ländern sterben Millionen Kinder an Krankheiten, die

[1] Das sind 10 Eimer voll Wasser.

vom schmutzigen Wasser kommen. Denn Anlagen, die das verdreckte Wasser reinigen, sind teuer. Aber die Sauberkeit des Wassers wird auch bei uns zunehmend ein Problem!

In alter Zeit holten sich die Menschen ihr Wasser vom nächsten Bach, vom See oder aus dem Brunnen. Es war sauber, klar und trinkbar. Durch Abwässer der Industrie und der Haushalte ist es heute meist verunreinigt. Das Wasserwerk, das aus dem Boden Grundwasser pumpt, muss es deshalb erst mühsam „sauber waschen“, bis es tatsächlich Trinkwasserqualität hat und bei uns aus der Leitung sprudeln kann!

1. Was ist ein Sandmeer?
2. Warum können wir kein Salzwasser trinken?
3. Wie viel Liter Wasser pro Tag verbraucht ein Mensch in Europa?

Seite 147

Der kleine Wassermann

In der Welt der Fische, Schnecken und Muscheln wächst er auf, der kleine Wassermann mit den grünen Haaren, den Hosen aus Fischschuppen und der roten Zipfelmütze. Tagtäglich erlebt er neue Abenteuer, bis es Winter wird und das Eis den Mühlenweiher zudeckt. Ein Erlebnis vom kleinen, unternehmungslustigen Wassermann heißt:

Die Rutschpartie

Am unteren Ende des Mühlenweihers war eine Schleuse. Die Schleuse hatte ein Tor. Dieses Tor war aus Balken zusammengefügt. Wenn der Müller an einer eisernen Kurbel über dem Schleusentor drehte, dann hob es sich Zoll für Zoll aus dem Wasser empor. Und drehte er andersherum, so sank es Zoll für Zoll wieder ins Wasser herunter.

„Der Müller“, hatte der Wassermannvater dem Wassermannjungen erklärt, „der Müller lässt immer nur so viel Wasser durch dieses Tor aus dem Mühlenweiher hinaus, wie er für seine Mühle gerade braucht. Das Schleusentor ist sehr wichtig für uns. Denn wäre das Tor nicht, dann würden wir bald auf dem Trockenen sitzen.“

Der Karpfen Cyprinus war immer ängstlich darauf bedacht, dass er dem Schleusentor nicht zu nahe kam.

Er sagte ganz offen: „Dort ist es viel zu gefährlich! Wenn einen das Wasser, das unter dem Tor hinausströmt, zu fassen kriegt, ist man erledigt. Das reißt einen mit, ob man will oder nicht!“

„Ach was!“, widersprach der kleine Wassermann einmal. „Wenn man es schlau genug anfängt, kann gar nichts passieren! Was gibst du mir, wenn ich mich mitschwemmen lasse?“

„Nur das nicht!“ wehrte Cyprinus erschrocken ab.

„Du bist wohl nicht recht bei Trost? Dich schwemmen lassen!“

„Jawohl!“, rief der kleine Wassermann. „Glaubst du, dass ich Angst habe? Aufgepasst, es geht los!“

Und zum hellen Entsetzen des Freundes schwamm er geradewegs auf das Schleusentor zu, das zur Hälfte geöffnet war. Als er dann merkte, dass ihn die Strömung erfasst hatte, ließ er sich treiben. Dem braven Cyprinus sträubten sich alle Flossen. In tausend Ängsten rief er: „Zurück! Zurück! Bist du wahnsinnig, Junge?“

Er blubberte jammernd hinter dem kleinen Wassermann drein: „Der Junge, der Junge! Aus lauter Übermut bringt er sich um! Er scheint nicht zu wissen, der Ärmste, was er sich da eingebrockt hat!“

Aber der kleine Wassermann wusste das ziemlich genau. Er kannte, zum Unterschied von Cyprinus, den Mühlenweiher ja nicht nur von innen! War er nicht oft genug schon am Ufer gewesen und hatte sich umgesehen? Er wusste, dass hinter dem Schleusentor eine schmale, offene Wasserrinne mit hölzernem Boden begann. Das Wasser, das unter dem Tore hinausschoss, stürzte in dieser Rinne zur Mühle hinunter. Dort verschwand es mit großem Getöse in einem Bretterverschlag. Was ihm bevorstand, wenn ihn das Wasser mit in die Mühle hineinschwemmen würde, wusste der kleine Wassermann allerdings nicht. Aber er hatte auch gar nicht die Absicht es auszuprobieren. Er wollte nur seinem Freund, dem Karpfen Cyprinus, ein bisschen Bange machen. Er dachte sich: Wenn ich ans Tor komme, werde ich rasch meine Arme ausstrecken und mich daran festhalten! Dann werde ich ganz gemütlich ans Ufer klettern und mir eins lachen. Ich müsste ja schön dumm sein, wenn ich mich wirklich hinaustreiben ließe! Das wäre selbst mir zu gefährlich!

So war das nun also. Der gute Cyprinus war außer sich vor Entsetzen über den kleinen Wassermann und der kleine Wassermann machte sich bloß einen Jux mit ihm.

Immer schneller und schneller strömte das Wasser dahin und je rascher er dem geöffneten Tor zutrieb, desto besser gefiel es dem Wassermannjungen. Wie ein starker Wind strich das Wasser an seinem Körper entlang. Es zauste an seinem Rock und den grünen Haaren, die unter der Zipfelmütze hervorschauten. Acht geben, Acht geben, dass ich das Tor nicht verpasse … Da war es! Der kleine Wassermann streckte die Arme aus, griff nach dem untersten Balken und dachte schon: Gut so, ich habe ihn! Aber der Balken … Der Balken war viel zu glitschig! Das machten die Algen, die sich da angesetzt hatten. Als hätte ihn jemand mit Schmierseife eingeschmiert, so griff er sich an.

Der kleine Wassermann fand keinen Halt. Er glitt ab. Mit den Füßen voran, auf dem Rücken, flutschte er unter dem Schleusentor durch – in die Rinne! „Festhalten!", dachte er, „festhalten!" Aber was nützte ihm das? Ach, das nützte ihm gar nichts. Es nützte auch nichts, dass er dachte: „Wenn ich doch bloß auf den Karpfen Cyprinus gehört hätte!" – Nein, das war alles umsonst. Der kleine Wassermann schoss wie ein Hecht durch die hölzerne Rinne. Er sah ein paar grüne Schatten vorbeiwischen – Bäume. Er sah ein paar weiße Flecken am Himmel dahinhuschen – Wolken. Er hörte von fern das Getöse, mit dem sich das Wasser zur Mühle hineinstürzte, hinter den Bretterverschlag. Das Tosen kam näher, schwoll an, wurde lauter und lauter und lauter. Schon dröhnte dem Wassermann nur so der Kopf davon. –

„Es ist aus, es ist aus!“, war das Einzige, was er noch denken konnte. Er machte sich steif, hielt den Atem an, wartete … Jetzt! Eine Bretterwand kam auf ihn zu – tat sich auf – und verschluckte ihn. Nacht war es plötzlich geworden. Es donnerte, brodelte, zischte. Dann spürte der kleine Wassermann, dass er ein Stück durch die Luft flog. Er überschlug sich ein paar Mal und rumpelte gleich darauf in die Tiefe. Das Mühlrad hatte ihn mitgenommen!

Ja, das war schlimm. Ein Menschenjunge, der hätte die Rutschpartie über das Mühlrad schwerlich mit heiler Haut überstanden. Der hätte sich mindestens etliche Rippen dabei gebrochen und möglicherweise sogar das Genick. Aber ein Wassermann hält eben doch etwas mehr aus! Der bricht sich so schnell nicht den Hals und schon gar nicht, wenn er ins Wasser fällt. Wohin sonst aber sollte der kleine Wassermann fallen, als er vom Mühlrad herunterplumste?

Er plumste vom Wasser ins Wasser. Und das war sein Glück! Erst war er natürlich zu Tode erschrocken. Er wusste nicht, wie ihm geschehen war. Schleunigst schwamm er zur Sicherheit erst einmal wieder ins Freie hinaus, an die Sonne. „Nur fort aus dem finsteren Bretterverschlag!“, war sein erster Gedanke. Sein zweiter Gedanke war der, dass die Fahrt übers Mühlenrad eigentlich gar nicht so schlimm gewesen war. Im Gegenteil! Hinterher konnte man regelrecht Spaß daran finden. „Wie wäre es“, dachte der kleine Wassermann, „wenn ich das Gleiche noch einmal versuchte …?“ Und das war sein dritter Gedanke.

Otfried Preussler

Seite 149

So baut man ein Wasserrad

Säge von einem runden Ast fünf Zentimeter ab. Der Ast soll einen Durchmesser von 10 cm haben. Säge acht Kerben in den Ast. Die Kerben sollten einen Zentimeter tief sein.

Schlage an beiden Enden des Holzes in die Mitte einen Nagel ein.

Du brauchst für die Schaufeln leere Behälter vom Eis oder Quark. Das Plastik muss stabil sein. Die Schaufeln sind acht Zentimeter lang und fünf Zentimeter breit. Sie werden in die Kerben geklebt.

Jetzt muss das Wasserrad an zwei Brettern befestigt werden. Bohre drei Zentimeter von der Oberkante der Bretter ein Loch, durch das die Nägel gesteckt werden können. Hänge das Wasserrad ein und ramme die angespitzten Bretter in den Boden.

nach Sven Nordqvist

Wasserorgel

Du brauchst acht leere Glasflaschen.
Fülle sie unterschiedlich hoch
mit Wasser. Mit einem Esslöffel
schlägst du an die Flaschen.
Von jeder Flasche hörst du
einen anderen Ton.
Sortiere sie nach der Wassermenge.
Jetzt kannst du deine eigene Wassermusik
erfinden.

Bootsregatta für zwei bis drei

Faltet aus gleich großen Stücken Alufolie
für jedes Kind ein kleines Schiffchen.
Füllt ein großes Backblech mit Wasser und
setzt die Boote in einer Reihe an den Start.
Jeder bekommt einen Strohhalm.
Wer pustet sein Boot am schnellsten
ans Ziel?

Sammler der Augenblicke

Quint Buchholz, 1997

Sie flogen in Richtung Küste. Ein tiefer, heiserer Ton klang durch die Nacht.

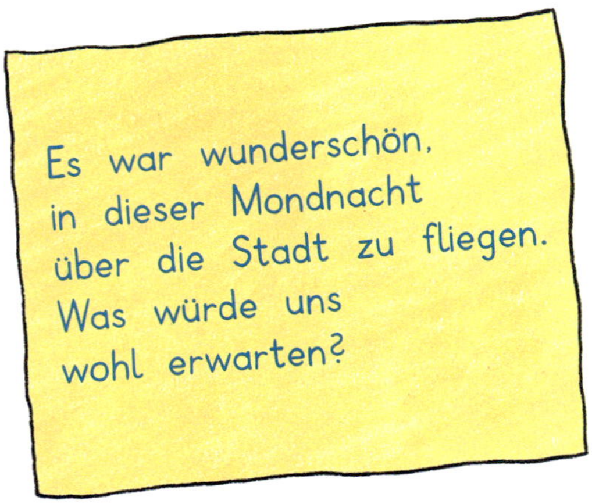

Seite 159

Der Sammler der Augenblicke

Max ist Maler. Eines Tages zieht er auf eine Insel,
um die Bilder, die er im Kopf gesammelt hat, zu malen.
Im Haus lebt ein Junge, der Max jeden Tag besuchen kommt.
Doch die Bilder, die Max malt, bekommt der Junge nicht
zu sehen. Erst als der Maler auf eine längere Reise geht,
gibt er ihm den Schlüssel zum Atelier.
Und als der Junge das erste Mal allein eintritt,
findet er eine ganze Ausstellung – nur für ihn.
Je länger er die Bilder ansieht, desto tiefer
taucht er in sie ein.
Dabei entdeckt er in jedem Bild eine Geschichte.

Immer hatte Max einen ganz bestimmten Augenblick gemalt. Aber ich spürte deutlich, dass es noch eine Geschichte dazu gab, die bereits lange vor diesem Augenblick begonnen hatte und danach noch lange weitergehen würde.

Er hatte einmal etwas zu mir gesagt, das ich damals noch nicht verstanden hatte:
„Jedes Bild muss ein Geheimnis bewahren. Auch für mich. Andere können vielleicht viel mehr in meinen Bildern entdecken als ich selbst."
Und dann hatte er noch hinzugefügt:
„Ich bin nur Sammler. Ich sammle Augenblicke."
Jetzt ahnte ich, was er gemeint hatte.

Quint Buchholz

Seite 157

Findlinge

Augenblicke festzuhalten,
das ist Kunst, man muss sie fassen
und mit beiden Händen falten,
bis sie in die Tasche passen.

Als ich des Nachts aus dem Fenster schaute,
sah ich ihn, wie er im Garten stand
und die noch unreifen Birnen kaute,
grau und riesig, ein Elefant.

Gestern hab ich mir vorgestellt,
ich wär der einzige Mensch auf der Welt.
Ganz einsam war ich und weinte schon,
da klingelte leider das Telefon.

Einmal, als wir spazieren gingen,
hörte die Nachtigall mich singen.
Sie sagte: „Wie schön deine Stimme ist,
ich glaube, dass du ein Vogel bist."

Frantz Wittkamp

oktobernacht

sessel, bring mir einen gast.
tisch, bring mir ein fröhliches mahl.
lampe, zeig mir ein freundliches gesicht,
nicht mich im spiegel.
spiegel, dreh dich zur wand.

sessel, bring mir einen gast.
tisch, bring mir ein fröhliches mahl.
fenster, geh auf in ein wärmendes land.
koffer, nimm mich bei der hand
und flieg mich nach ägypten.

sessel, bring mir einen gast.
tisch, bring mir ein fröhliches mahl.
telefonvogel, sing für mich
oder bring mir einen kellertiefen winterschlaf,
bett.

Ernst Jandl

Briefe unter dem Morast [1]

„Briefe? Ich? Nie kriege ich Briefe“, dachte der Maulwurf. „Niemals.“ Gekränkt grub er einen Gang durch die dunkle Erde. „Einfach mal ein paar Grüße oder so“, dachte er. „Oder eine Einladung für etwas unter der Wüste. Oder unter dem Eis. Niemals.“ Wütend klopfte er auf die Erde. Aber es kam keine Antwort. „Es gibt nur eine Person, die mir schreiben will“, dachte er. „Und das bin ich selbst.“ Und so schrieb er sich in der Dunkelheit, tief unter der Erde, einen Brief nach dem anderen.

oder:

Wenn er einen Brief geschrieben hatte, versteckte er ihn irgendwo unter dem Morast, fand ihn dann einige Zeit danach zufällig wieder und las ihn. Manchmal bekam er dabei Tränen in den Augen. „Danke, Maulwurf“, dachte er dann. Oder: „Du fehlst mir auch, Maulwurf.“ Oder: „Du bist immer willkommen, Maulwurf, jederzeit.“ Manchmal feierte er ein Fest mit den Absendern seiner Briefe. Dann rannte er in seinen dunkelsten Gängen und Sälen von einem Ende zum andern. Dann tanzte er auch. „Aber ob ich wirklich glücklich bin ...“, dachte er, wenn er mit sich selbst tanzte.

[1] Morast ist schwarze, sumpfige und feuchte Erde.

Am Schluss eines dieser Feste setzte er sich
in eine Ecke und schrieb einen Brief an sich selbst:

> Maulwurf,
> du musst eine Reise machen.

Er nickte und ging auf eine Reise. Nach oben.
Zu diesem geheimnisvollen Himmel.
Er hielt den Atem an,
sah das Licht schon durch die Erde scheinen
und stieg langsam weiter.
An diesem Abend stattete er Eichhorn
einen unerwarteten Besuch ab.
Sie tranken schwarzen Tee und der Maulwurf
erzählte von seinen Festen tief unter der Erde.
Große, dunkle Feste ohne ein Fünkchen Licht.
Eichhorn schüttelte verwundert den Kopf.
Der Maulwurf rührte in seiner Tasse
und wünschte sich, die Zeit würde
genau jetzt stehenbleiben.

Toon Tellegen

Seite 151 Seite 155

Die Grille und die Ameise

Die Grille musizierte
die ganze Sommerzeit –
und kam in Not und Leid,
als nun der Nord[1] regierte.
Sie hatte nicht ein Stückchen
von Würmchen oder Mückchen,
und Hunger klagend ging sie hin
zur Ameis', ihrer Nachbarin,
und bat sie voller Sorgen,
ihr etwas Korn zu borgen.
„Mir bangt um meine Existenz",
so sprach sie; „kommt der neue Lenz,
dann zahl ich alles dir zurück
und füge noch ein gutes Stück
als Zinsen bei." Die Ameis' leiht
nicht gern; sie liebt die Sparsamkeit.
Sie sagte zu der Borgerin:
„Wie brachtest du den Sommer hin?"
„Ich habe Tag und Nacht
mit Singen mich ergötzt."
„Du hast Musik gemacht?
Wie hübsch! So tanze jetzt!"

Jean de La Fontaine

---

[1] Der Nord bedeutet der Winter.

Seite 155 Seite 167

Figuren-Schattenspiel

1. Zeichnet die Figuren auf Tonkarton.
   Achtet auf die Größe.

2. Schneidet die Figuren aus und befestigt sie
   mit Tesafilm an einem Stöckchen.

3. Hängt ein weißes Betttuch an einer Leine auf
   und stellt den Tageslichtprojektor davor.
   Probiert den Abstand aus.
   Ihr könnt auch das Licht
   an eine weiße Wand werfen.

4. Spielt mit den Figuren das Stück,
   während ein anderer den Text liest.

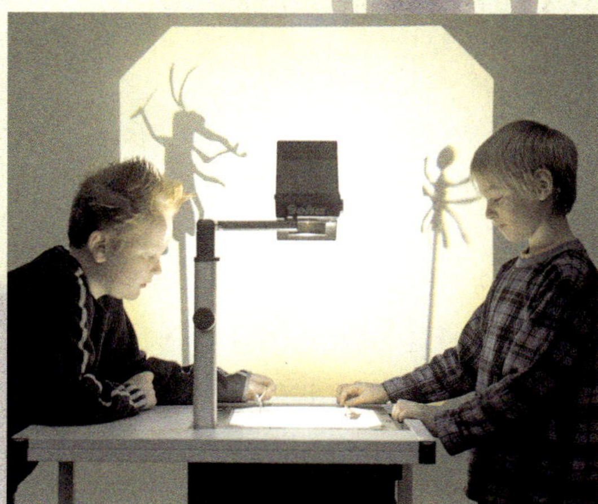

Rund ums Buch

Colin Thompson, Bücher öffnen Welten, 1997

Wünschelrute

Schläft ein Lied in allen Dingen,
Die da träumen fort und fort,
Und die Welt hebt an zu singen,
Triffst du nur das Zauberwort.

Joseph von Eichendorff

Seite 153

Der Wortmacher

Worte macht er, **blaue**, **gelbe**
(manchmal gleiche, nie dasselbe)
Koseworte, schlimme Flüche
kluge Worte, hanebüchne[1]
Worte, die sehr bitter schmecken
Worte, die den Mund sich lecken
Worte, die auf Zungen liegen
Worte, die das Ohr betrügen
Worte zum Herunterschlucken
Worte zum Zusammenzucken
Witzesworte, Worteswitze
Donnerworte, Blitzwortblitze
alte Worte, unerhörte
klare Worte und verstörte
reiche Worte und sehr arme
kalte Worte und sehr warme
Worte, um die Welt zu messen
Worte, um nichts zu vergessen
Worte, Worte ohne Ende
dass das Zauberwort sich fände

(Aber kommt ein Kind zu Wort
wirft er alle seine fort.)

Peter Maiwald

Warme Wörter
Bauch
Sonne
Wolle
...

Kalte Wörter
Eis
Kristall
frieren
...

---

[1] Hanebüchen ist ein alter Begriff und bedeutet unverschämt.

Seite 161

Wie ich zum Bücherschreiben gekommen bin

Mit acht Jahren schrieb ich meine ersten Gedichte. Mit zwölf Jahren wurde ich stolze Besitzerin einer Schreibmaschine und tippte darauf gleich meinen ersten Krimi, den ich auch ganz kühn an einen Verlag schickte. Aber mein Weg zur Schriftstellerin war noch weit.

Da Bücher meine Leidenschaft waren, beschloss ich Bibliothekarin zu werden. Nach dem Abitur studierte ich drei Jahre Bibliothekswesen und lernte dabei eine Menge über Bücher und Bibliotheken. Nebenher schrieb ich einen Vampirroman.
Als er fertig war, brachte ich ihn zur Post – fest überzeugt davon, dass die Welt nur auf diesen Roman gewartet hatte. Ich bestand meine Abschlussprüfung als Bibliothekarin, aber mein Roman wurde vom Verlag abgelehnt.
Vier Wochen später bekam ich eine Zusage von einem anderen Verlag für eine Reihe Abenteuer-Bücher für Kinder. Und ein Rundfunksender nahm ein Hörspiel von mir an.

Heute hat sich mein Traum erfüllt. Ich habe den schönsten Beruf, den ich mir vorstellen kann. Der Fantasie sind nämlich keine Grenzen gesetzt, alles ist möglich! Zum Bücherschreiben gehören nicht nur Ideen sondern auch ganz, ganz viel Ausdauer und Geduld.

Marliese Arold

Schrubber und die Hühnergang

Schrubber kann es nicht fassen: Endlich kommt er raus aus dem Tierheim und kriegt ein richtiges Zuhause! Von Kitty, seinem neuen Frauchen, ist er auf Anhieb begeistert. Doch die streitsüchtigen Hühner in Kittys Villa Kunterbunt ärgern ihn.

Das Perlhuhnparadies übertraf meine schlimmsten Befürchtungen, Perlhühner waren nirgends zu sehen. Dafür eine Schar ganz stinknormaler Haushühner, die auf dem Hof herumspazierten, als sei hier ihr Königreich. Als sie mich entdeckten, fingen sie sofort an zu zetern und Krach zu machen.

„Wen bringt sie denn da mit?“

„Seit wann brauchen wir hier auf dem Hof einen Hund?“

„Fort mit dem Streuner!“

„Hau ab, du Kerl!“

Na, das war vielleicht ein freundlicher Empfang! Ich stellte mich stocktaub, übersah die Bande völlig und blickte stur geradeaus. Die Hühner fingen an zu tuscheln.

„Ist er vielleicht blöd?“

„Oder sieht und hört er nichts?“

„Vielleicht ist er gar kein richtiger Hund, sondern nur eine Kopie?“

Ziemlich clever kam mir das Geflügel nicht gerade vor. Aber hätte ich in diesem Moment geahnt, wie mich die Hühner fortan noch nerven würden, dann hätte ich das Perlhuhnparadies sofort wieder rückwärts verlassen!

Kitty kriegte von all dem überhaupt nichts mit. Menschen verstehen eben nur selten die Sprache der Tiere. Ein paar Schritte weiter traf mich der nächste Schlag. Das Wohnhaus war eine bessere Ruine!

Marliese Arold

Seite 151   Seite 155

Lisa und Finn auf Drachensuche

Lisa lag auf dem Burgturm, die Hände unter dem Kopf verschränkt. Über ihr funkelten Tausende und Abertausende von Sternen. Jetzt, Anfang September, war der Himmel ganz klar. Versunken betrachtete Lisa das dunkelblaue Himmelszelt.

Ob die Welt dort hinten wirklich zu Ende war, wie Harald, ihr Hauslehrer, behauptete? Einmal würde sie das selber gern sehen – irgendwann.

Plötzlich ertönte mitten in ihre Gedanken hinein ein merkwürdiges Geräusch. Lisa spitzte die Ohren. Es kam von unten aus den Ställen.

Das war doch Isolde! Die Ziege, die Papa vor vielen Jahren von einer Fee bekommen hatte und die hellsehen konnte! Und es hörte sich ganz so an, als würde Isolde soeben wieder einen ihrer rätselhaften Meckergesänge anstimmen. Im Nu war Lisa auf den Beinen und stürmte die Treppe hinunter. Unterwegs riss sie eine brennende Fackel aus der Wandhalterung, durchquerte den Hof und kam keuchend an der Stalltür zum Stehen.

Die dürre Ziege hockte auf einem Strohhaufen, reckte den Kopf und verdrehte die glasigen Augen, während aus ihrer Kehle ein jämmerlicher Singsang kam.

Als sie Lisa sah, brach die Ziege sofort ab. „Was hast du da von Papa erzählt?“, fragte das Mädchen atemlos und steckte die Fackel in einen Wandhalter.

Bis auf die Tatsache, dass sie hellsehen konnte, war Isolde eine ganz normale Ziege. Und unglaublich verfressen. Jetzt lief sie auf Lisa zu, schnupperte an ihr herum und fing an ihr Hemd zu beknabbern.

„Ich habe leider gar nichts für dich, nicht mal die allerkleinste Karotte.“ Lisa zog ihren Hemdzipfel wieder vorsichtig zwischen Isoldes Zähnen heraus.
„Hast du eben Drachenspeise gesagt? Bitte, bitte, ich muss wissen, was mit Papa ist.“

Lisa macht sich große Sorgen um ihren Papa, einen Ritter.
Sie will nicht, dass der Ritter als Drachenfutter endet! Aber da keiner glauben will, dass Papa in Gefahr ist, beschließt sie, ganz allein loszuziehen und ihn zu retten.

Marliese Arold

Hannas Lesetagebuch

Die Abenteuer von Lisa und Finn gehen weiter:

Lisa ist richtig sauer: Gerade erst hat sie große Abenteuer bestanden und ihren Vater aus der Höhle des bösen Drachen Gaudemur befreit, da ist auf der heimatlichen Burg schon wieder alles beim Alten. Ihre Mutter ist unausstehlich und will nicht, dass Lisa den kleinen Hausdrachen Agnes behält. Und ihr Vater, Ritter Haubert, geht bereits nach wenigen Tagen wieder auf Reisen.
Ausgerechnet jetzt droht plötzlich große Gefahr: Gaudemur sinnt auf Rache und nähert sich unaufhaltsam der Ritterburg. Da brauchen Lisa und ihr bester Freund Finn, das ist ein sprechendes Pferd, ganz schnell einen guten Plan!

Hanna und ihre Klasse lesen das Buch „Lisa und Finn retten die Ritterburg“ von Marliese Arold.
Ihr Lehrer gibt ihnen regelmäßig die Hausaufgabe, ein Kapitel aus dem Buch zu lesen.
Manchmal liest er auch ein Kapitel in der Klasse vor oder die Kinder lesen in der freien Lesezeit weiter.
Die Kinder arbeiten an ihrem Lesetagebuch.
Das ist ein Heft, in dem sie zu der Geschichte von Lisa und Finn malen oder ihre Gedanken aufschreiben.
Der Lehrer gibt ihnen Fragen oder andere Aufgaben zu der Geschichte.
Die Kinder wählen die Aufgabe aus, die sie am liebsten machen möchten.
Hier siehst du Hannas Lesetagebuch.

1. Kapitel „Drachenschwur"
Wie gefällt dir der Anfang der Geschichte?

18. Januar

Mir gefällt der Anfang der Geschichte gut.
Es geht direkt sehr wild los.
Der Drache schreit wütend durch das Gebirge,
weil seine Kinder gestohlen worden sind.
Lustig finde ich den Geier Fridolin.
Lachen musste ich, als er den Hang herunterpurzelt.
Ich habe das erste Kapitel ganz schnell gelesen.

2. Kapitel „Der kleine Drache bekommt einen Namen"
Male die Ritterburg! Wie heißt der kleine Drache?

20. Januar

So sieht die Ritterburg aus.

Und das ist Agnes,
der kleine Drache!

3. Kapitel „Burgfest mit Pannen"
Der Sänger in der Geschichte von Lisa und Finn ist ein Dichter. Er erfindet Reime, zum Beispiel:

Tapferes, kleines Mädel
Mit dem dicken Schädel.

Findest du auch einen Reim?

25. Januar
Der Sänger soll das Singen lassen,
sonst wird ihn Lisa ganz doll hassen.

Lisa spielt mit Drachen,
die können Feuer machen.

4. Kapitel: Die letzte Wunschtulpe
Was würdest du dir wünschen, wenn du eine Zaubertulpe hättest?

26. Januar

Das ist geheim!
Man darf Wünsche nicht sagen,
sonst gehen sie nicht in Erfüllung!

5. Kapitel: In großer Gefahr
Agnes, der kleine Drache von Lisa, ist ein **fischschuppiger Stacheldrache**.
Erfinde weitere Drachenarten und zeichne sie.

28. Januar

schwarzer Drohdrache,
Regenbogendrache ...

Hannas Lesetagebuch ist noch nicht ganz fertig.
Sie hat die beiden letzten Kapitel von dem Buch
noch nicht gelesen und der Lehrer hat noch viele Aufgaben,
aus denen die Kinder auswählen können:

6. Kapitel: Gaudemur greift an
Soll Lisa gehen und ihre Mutter allein auf der Burg zurücklassen?
Welche Stelle findest du in diesem Kapitel besonders spannend?

7. Kapitel: Lisas listiger Plan
Male das letzte Kapitel als Bildergeschichte!

7. Kapitel: Lisas listiger Plan
Wie könnte die Geschichte weitergehen?

Schreibe einen Brief an Lisas Vater!
Soll er schnell nach Hause kommen?
Dann überrede ihn!

Lieber Ritter Haubert,
...
Deine ...

Schreibe einen Steckbrief zu der Figur, die dir am besten gefällt.
So geht es:
Lisa ist
ein Mädchen,
eine Prinzessin,
mutig,
kämpferisch

Seite 147
Seite 155

Gespenster im Nordpark

Es war eine düstere Oktobernacht.
Der Mond stand als eine gelb-matte Scheibe am Himmel.
Obwohl er uns riesig erschien, spendete er kaum Licht.
Lukas und ich waren vorgelaufen. Die Stimmen
der anderen schallten nur noch dumpf an unser Ohr.
Langsam tasteten wir uns vor.
Hier irgendwo im Gebüsch hatten wir
unsere Kostüme versteckt. Aber wo?

Ein kalter Hauch strich mir über den Nacken.
Natürlich glaube ich nicht an Gespenster,
aber in so einer Nacht?
Endlich kamen wir am Haselstrauch an.
Unter seinen Zweigen leuchtete es uns weiß entgegen.
Da waren sie!
Wir streiften die eiskalten Gewänder über
und suchten uns zwei dicke Stämme,
hinter denen wir uns verstecken konnten.
Jetzt durften die anderen kommen!
Fröstelnd machte ich mich so klein ich konnte.
Von Lukas sah ich nichts mehr.
Lukas ist übrigens mein bester Freund.
Er hatte auch die Idee für unseren Streich
in der Lesenacht.

Irgendwo knackte ein Ast.
Das Warten wurde langsam ungemütlich.

Da endlich die ersten leuchtenden Punkte.
Viele hatten ihre Taschenlampen für unsere Lesenacht mitgebracht.
Und hier im Nordpark konnte man sie wirklich gut gebrauchen.
Wenn die anderen nicht bald hier wären,
würde ich wohl nie mehr aufstehen können.
„Neunjährige Schülerin der Grundschule am Nordpark bei Lesenacht
elend erfroren“, würde dann in der Zeitung stehen.

Ob es hier im Wald wohl auch Geister gab?
Frau Rau, unsere Lehrerin, hatte uns soeben
eine Geschichte von Trollen vorgelesen.
Aber die soll es ja nur in Schweden geben, oder?

„Kommt doch endlich“, dachte ich sehnsüchtig.
Da hörte ich ein Knirschen von Füßen und
die flüsternden Stimmen unserer Mitschüler.
Sprungbereit duckte ich mich hinter den Baum.
Die anderen waren nur noch wenige Schritte von uns entfernt.
Jetzt noch das Zeichen für Lukas: ein Käuzchenruf.
Mit wildem Geheul brachen wir aus dem Unterholz.
Mit Kreischen stoben die anderen auseinander.
Unser Auftritt war ein voller Erfolg. Selbst Frau Rau
und Herr Meier haben sich richtig erschrocken.
Lukas und ich konnten nicht mehr ernst bleiben.
Unser lautes Lachen verriet den anderen,
wer hinter den Gespenster-Kostümen steckte.

Danach wanderten wir zum Futterplatz für die Rehe.
Dort erzählten Roland und Marie eine selbst ausgedachte Gruselgeschichte.
Roland und Marie hatten in der Zeitung gelesen, dass im Nordpark ein Wolf gesichtet worden sei: in einer Mondschein-Nacht!

Niemand wusste, woher dieser Wolf kam.
In unserer Gegend gab es schon seit hundert Jahren keine Wölfe mehr. Umso seltsamer war das Auftauchen des Wolfs in unserem Wald.

Nach der Geschichte kehrten wir schlotternd vor Kälte – oder vor Angst – in die Schule zurück.

Seite 149

Die anderen wollten natürlich von Lukas und mir wissen, wie wir unsere Kostüme gebastelt hatten.
Das war ganz einfach:
Wir hatten zwei alte Betttücher von meiner Mutter bekommen. Für die Augen schnitten wir ein paar Löcher hinein.
Die Idee hatten wir übrigens aus dem Buch „Mein bester Freund und die Gespenster".
Da ziehen sich zwei Freunde Gespenster-Kostüme an und erschrecken im Keller die Nachbarin.

Lukas hatte sich auch noch ein Skelett auf das Tuch gemalt. Das sah richtig gut aus.

In der Schule machten wir es uns dann gemütlich. Wir stellten ganz viele Kerzen auf und Teelichter mit Fledermaus-Tischlaternen drum herum. Die hatten Christine, Ebru und Noah gebastelt.

Dann deckten wir den Tisch für unser Gespenster-Essen. Das hatten sich Max, Alexandro, Melih und Sara ausgedacht. Die Speisen hatten Klara und Paula auf eine Karte geschrieben. Das sah richtig toll aus.

Beim Essen haben wir immer mehr Grusel-Speisen erfunden: Gespenster-Suppe, Nebelpudding und knackige Mäusezähne fand ich besonders gut.

Nach dem Essen haben wir die Tische an die Wand geschoben
und unsere Schlafsäcke im Klassenzimmer ausgebreitet.
Das Zimmer sah auf einmal ganz fremd aus.

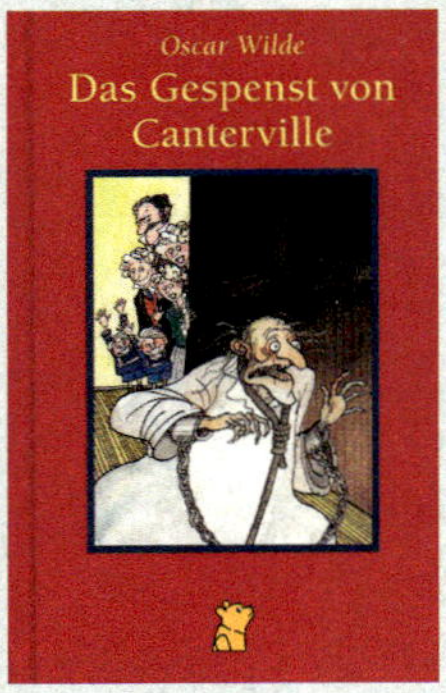

Dann hat uns Frau Rau
„Das Gespenst von Canterville“ vorgelesen.
Das Gespenst hat mir richtig leid getan!
Die neuen Schlossbesitzer wollen es nämlich
vertreiben, obwohl es schon viel länger
auf dem Schloss wohnt als sie.

Danach durften wir noch in unseren Schlafsäcken
beim Licht der Taschenlampen lesen, so lange
bis uns die Augen zufielen. Ich habe
in den „Gespensterjägern“ von Cornelia Funke gelesen.

Zum Einschlafen war ich viel zu aufgeregt, Lukas auch.
Deshalb ist Herr Meier mit uns auf eine Expedition
in der Schule gegangen.
Wir durften unsere Taschenlampen mitnehmen.
Das war ein komisches Gefühl durch die leere und
dunkle Schule zu wandern. Wir haben überlegt,
ob es wohl auch einen Schulgeist bei uns gibt.

Irgendwann waren wir dann so müde,
dass wir doch noch eingeschlafen sind.
Das war jedenfalls eine super Lesenacht.

Stephanie Jentgens

Seite 149 Seite 151

In der Ausstellung haben wir genau gezeigt, wie man eine tolle Grusel-Lesenacht durchführt und was man alles dafür vorbereiten muss.

Sebastian und Irini haben ganz viele Fotos während der Lesenacht gemacht. Einige haben wir in unsere Ausstellung gehängt.

Stationen der Lesenacht

1. Vorlesen einer spannenden Geschichte
2. Wanderung durch den Wald
3. Erzählen einer Gruselgeschichte im Wald
4. Raum schmücken mit gebastelten Laternen
5. Essen mit selbst gemachten Speisekarten
6. Vorlesen: „Das Gespenst von Canterville“
7. Lesen im Schlafsack
8. Schulwanderung
9. Schlafen

Grusel-Geschichten erfinden

1. Sucht euch einen gruseligen Ort.
2. Fragt euch:
   Was könnte hier passiert sein?
   Wem könnte das passiert sein?
   Womit fängt die Geschichte an?
   Womit endet die Geschichte?
3. Jetzt erzählt eure Geschichte!

So haben Roland und Marie ihre Geschichte erfunden:

Zuerst sind wir in den Wald gegangen und haben uns einen Platz ausgesucht, an dem wir erzählen wollten. Der Futterplatz für die Rehe gefiel uns sofort. Dann haben wir überlegt, was hier wohl passiert sein könnte. So sind wir dann auf die Idee gekommen, dass unsere Geschichte von einem Wolf handeln sollte. Damit es richtig gruselig wurde, ist aus dem Wolf ein Werwolf geworden. So wussten wir, worum es in unserer Geschichte gehen sollte.

Seite 157

Fragen zu Texten beantworten

Salz, das weiße Gold

In früheren Zeiten war Salz bei uns sehr kostbar. Es musste oft von weit her geholt werden. Mit dem Handel von Salz konnte man damals viel Geld verdienen. Darum wurde das Salz auch weißes Gold genannt. Heute ist Salz billig geworden. Wir brauchen es nicht nur zum Würzen unserer Speisen. Man verwendet Salz zum Beispiel bei der Herstellung von Glas, Seifen und Stoffen.

Salz aus der Erde

Vor Millionen von Jahren war es sehr heiß auf der Erde. Große Meere verdunsteten. Es blieb eine dicke Salzkruste zurück, die heute tief unter der Erde liegt. Man nennt dieses Salz Steinsalz. Es wird in Bergwerken abgebaut – so wie die Kohle.

Salz aus dem Meer

Schon seit vielen tausend Jahren gewinnen die Menschen mit Hilfe der Sonne Salz aus dem Meerwasser. Dazu wird das salzige Meerwasser in Salzgärten geleitet. Die Salzgärten bestehen aus vielen kleinen Becken. Durch die Sonneneinstrahlung verdunstet das Wasser. Zum Schluss bleibt nur noch Salz übrig. Dieses Salz nennt man Meersalz.

nach Dagmar Binder

1. Warum nannte man das Salz früher auch **weißes Gold**?
2. Was wird mit Salz hergestellt?
3. Was sind Salzgärten?
4. Was ist der Unterschied zwischen Steinsalz und Meersalz?

So geht's

Du liest einen Text und sollst Fragen dazu beantworten.
Das kannst du tun, um den Text gut zu verstehen
und die Antworten auf die Fragen zu finden:

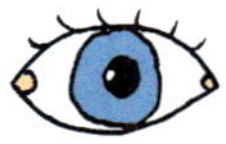

1. Ich schaue mir die Überschrift und die Bilder an. Ich überlege:
   - Worum geht es in dem Text?
   - Was weiß ich schon über das Thema?

2. Zuerst lese ich die Fragen zum Text. Dann lese ich den Text leise für mich.

3. Ich lese den Text noch einmal. Ich unterstreiche wichtige Wörter, die mir helfen, die Fragen zu beantworten.

4. Ich beantworte die Fragen zum Text. Bei manchen Fragen muss ich überlegen und noch einmal im Text nachlesen.

Du kannst selbst Fragen zu dem Thema stellen, die dein Freund oder deine Freundin beantworten sollen.

Du kannst in Büchern, Zeitungen oder im Internet noch mehr Informationen zu einem Thema suchen.

Probier' es aus: Seite 54 Seite 104 Seite 108

Texte nacherzählen

Die Maus geht zum Markt

Die Maus geht zum Markt. „Ich komme mit!“, ruft der Hund und läuft hinter der Maus her. „Ich komme auch mit!“, ruft das Schwein und läuft hinter dem Hund her. „Ich komme auch mit!“, ruft der Bär und läuft hinter dem Schwein her.

Auf dem Markt gibt es viele schöne Sachen. Die Maus kauft rote Stiefel. Der Hund kauft einen grünen Hut mit einer Feder. Das Schwein kauft ein großes Lebkuchenherz. Der Bär kauft eine Laterne mit goldenen Sternen. Erst als es dunkel wird, gehen sie wieder heim.

Der Weg nach Hause ist weit. „Meine Beine sind so schwer“, jammert die Maus. „Ich trage dich“, sagt der Hund und nimmt die Maus auf seinen Rücken. Aber bald werden auch dem Hund die Beine schwer. „Ich trage dich“, sagt das Schwein und nimmt den Hund auf seinen Rücken. Aber bald werden auch dem Schwein die Beine schwer. „Ich trage dich“, sagt der Bär und nimmt das Schwein auf seinen Rücken.

Endlich sind sie daheim.
„Ich bin müde“, sagt der Bär.
Er bläst seine Laterne aus und schläft ein.
„Ich bin auch müde“, sagt das Schwein.
Es schnuppert noch einmal an seinem
Lebkuchenherz und schläft ein.
„Ich bin auch müde“, sagt der Hund.
Er schiebt seinen grünen Hut
über die Augen und schläft ein.
„Komisch!“ sagt die Maus.
„Alle sind müde. Nur ich nicht.“
Sie putzt ihre roten Stiefel
– und geht tanzen.

Frauke Nahrgang

So geht's

Du möchtest anderen Kindern eine Geschichte nacherzählen.
Wichtige Wörter in der Geschichte helfen dir dabei.

1. Ich lese den Text leise für mich.

2. Ich lese den Text noch einmal Satz für Satz.
   Ich unterstreiche die Wörter,
   die für die Geschichte besonders wichtig sind.

3. Ich schreibe die wichtigen Wörter auf.

4. Ich erzähle anderen die Geschichte.
   Meine wichtigen Wörtern helfen mir dabei.
   Haben meine Zuhörer die Geschichte verstanden?

Probier' es aus: Seite 22 Seite 26 Seite 68

Mit Pausen und Betonung lesen

Der tätowierte Hund

Eines Tages / – es war nachmittags gegen halb fünf /– kam ein Hund in den Urwald und traf dort einen Löwen. /

„Woher kommst du denn?“, / fragte der Löwe erstaunt. /

„Von Nordosten“, / sagte der Hund und deutete nach Süden. /

„Und wo willst du hin?“ /

„Nach Südwesten“, / erwiderte der Hund und deutete nach Norden. /

„Und wer bist du eigentlich?“ /

„Der tätowierte Hund!“, / entgegnete der Hund. /

„Wer?“, / fragte der Löwe mit großen Augen / und hielt vor Staunen den Kopf ganz schief. /

„Der tätowierte Hund!“, / wiederholte der Hund nachsichtig. /

Darauf machte der Löwe / „Aha!“, / und dann stockte ihr Gespräch für eine Weile. /

Der König der Tiere wusste nichts mehr zu sagen / und betrachtete nun ganz ausführlich diesen seltsamen Reisenden. / Wenn er nicht gerade erfahren hätte, dass jener ein Hund sei, / so hätte er ihn sicher für ein Schwein gehalten. / Denn er hatte zwar Kopf, Ohren und Schwanz eines Hundes, aber / überhaupt kein Fell: / Seine Haut war glatt und rosig wie bei einem Ferkel / oder bei einem Menschen. / Aber das Erstaunliche und noch viel Außergewöhnlichere an ihm war, / dass seine Haut ganz und gar bedeckt war / mit Mustern, Zeichnungen und feinen blauen und roten Malereien. /

Da waren verschlungene Zeichen eintätowiert, / fremdartige Pflanzen, / seltsame Blumen und riesige Bäume / und Vögel mit langen Federn. / Und dazwischen kleine Bilder mit kuriosen Menschen, Ereignissen und vielen Tieren, / so schön und genau ausgeführt, dass dem Löwen beim Betrachten Zweifel kamen, / ob die Bilder nur gezeichnet waren / oder ob sie lebten.

Paul Maar

So geht's

Du möchtest einen Text vorlesen.
Dabei ist es wichtig, Pausen zu machen
und einige Wörter zu betonen.
Deine Zuhörer können den Text dann besser verstehen.

1. Ich lese den Text leise für mich.

2. Ich unterstreiche mit einem roten Stift die Stellen im Text, die ich mit meiner Stimme besonders betonen möchte.

3. Ich lese den Text laut für mich und probiere aus, ob die Betonung gut passt.

4. Ich male mit einem blauen Stift Striche an die Stellen im Text, an denen ich eine Pause machen möchte.

5. Ich lese den Text laut für mich und probiere aus, ob die Pausen gut passen.

6. Ich lese den Text anderen mit Pausen und Betonung laut vor.

Jeder Punkt am Satzende bedeutet eine kleine Atempause. Es gibt aber noch mehr Stellen im Text, an denen ich eine Pause machen kann.

Probier' es aus: Seite 90 Seite 122 Seite 136

Gedichte auswendig lernen

Ein Vogel und ich

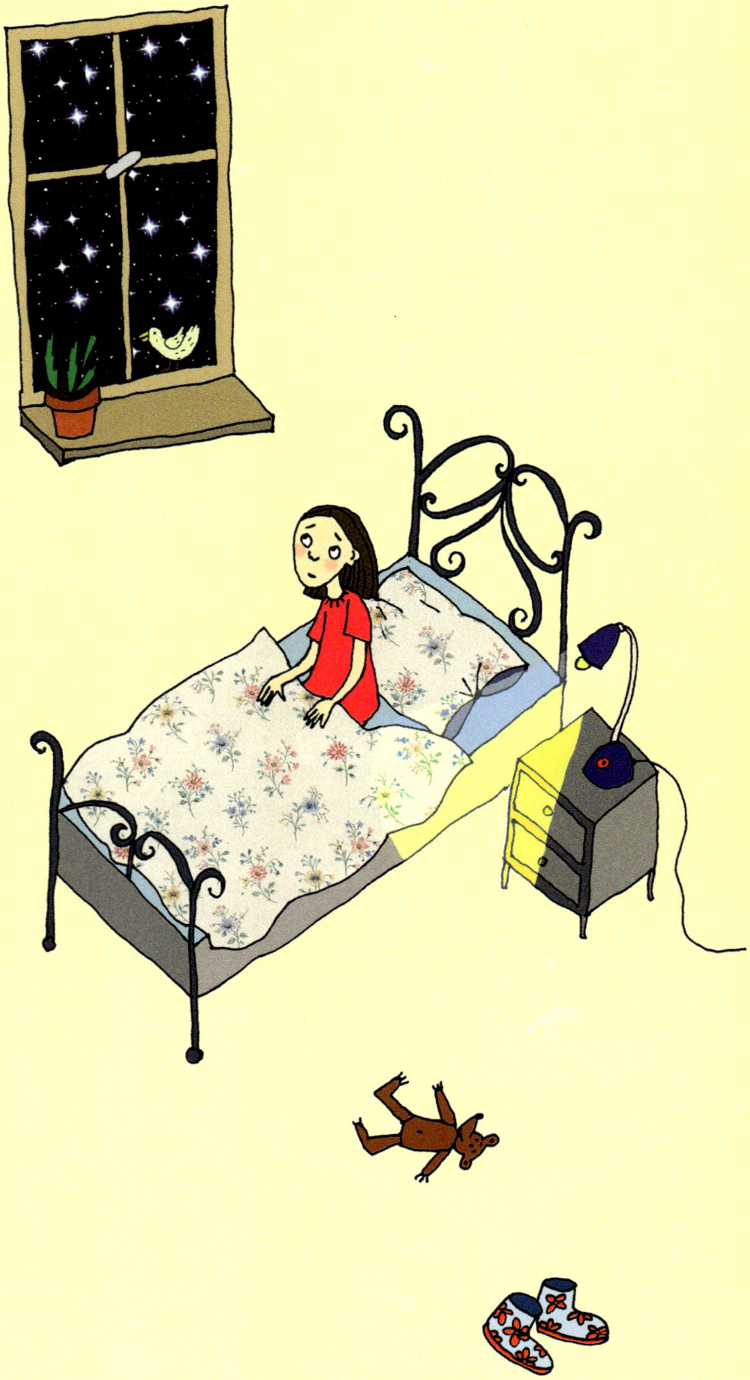

Die Nacht ist so finster.
Niemand macht Krach.
Die Nacht ist so finster.
Ich liege noch wach.

Da ist wer am Fenster.
Ich fürchte mich nicht.
Sind das Gespenster?
Ich mach lieber Licht.

Da ist nur ein Vogel.
Der flattert umher.
Da ist nur ein Vogel.
Er fürchtet sich sehr.

Du Vogel am Fenster
Für dich ist mein Licht.
Glaub nicht an Gespenster.
Die gibt es nicht!

Die Nacht ist so finster.
Ein Vogel und ich.
Die Nacht ist so finster.
Wir fürchten uns nicht.

Anne Steinwart

So geht's

Du möchtest ein Gedicht auswendig lernen.
Das kann dir helfen:

1. Ich lese das Gedicht leise durch.

2. Ich stelle mir vor:
   Was passiert in den Strophen?

3. Ich unterstreiche die Zeilen,
   die sich wiederholen und
   die Reimwörter, die zusammengehören,
   mit der gleichen Farbe.

4. Ich lese das Gedicht laut vor und überlege mir
   dazu Bewegungen. Ich übe so lange,
   bis ich das Gedicht auswendig kann.

5. Ich trage das Gedicht anderen vor.

Du kannst beim Üben das Gedicht
mit dem Kassettenrekorder aufnehmen.

Probier' es aus: Seite 52 Seite 57 Seite 106

Zu Geschichten schreiben: Briefe

An einem großen stillen See

An einem großen stillen See in einem kleinen gelben Haus wohnte ein Kind, das fürchtete sich vor der Nacht. Jeden Abend setzte die Mutter den großen braunen Stofflöwen ins Regal, damit er das Kind bewachte. Aber das half nicht. Jeden Abend ließ die Mutter die Kinderzimmertür einen Spaltbreit offen, damit ein Lichtstrahl in die Dunkelheit fallen konnte. Aber das half nicht. Jeden Abend sang die Mutter das Lied von den vierzehn Engeln. Aber das half nicht. Das Kind fürchtete sich so sehr vor der Nacht, dass es nicht schlafen wollte.

Die Nacht ist ja groß und schwarz und ewig lang. „Und was können vierzehn Engel schon gegen die Nacht ausrichten?“, dachte das Kind. Im Dunkeln hat niemand ein Gesicht. Und wer kein Gesicht hat, den kennt man nicht. Das Kind konnte die Engel im Dunkeln nicht sehen. Und es wusste, dass auch die Engel im Dunkeln nichts sehen konnten.

Jutta Richter

Mira hatte eine gute Idee, wie dem Kind in der Geschichte geholfen werden könnte. Deshalb hat sie einen Brief an die Mutter geschrieben:

Sehr geehrte Frau ... ,

ich weiß gar nicht, wie ich Sie nennen soll. Wie heißen Sie eigentlich?
Ich möchte Ihnen einen Tipp geben.
Früher konnte ich auch immer schlecht einschlafen.
Dann hat sich meine Mama oder mein Papa zu mir gelegt
und gesummt bis ich ganz müde wurde. Das hat geholfen.

Jetzt kann ich auch allein einschlafen. Probieren Sie es doch mal aus.

Viele Grüße von
Mira

So geht's

Du kannst an eine Figur in der Geschichte einen Brief schreiben.

1. Ich überlege:
   - Wem aus der Geschichte würde ich gern schreiben?
   - Welche Frage oder Idee habe ich?

2. Ich schreibe:
   - Ich beginne mit der Anrede: „Sehr geehrter ...", „Liebe ..." oder „Lieber ...", „Hallo ...".
   - Ich schreibe auf, was ich der Figur aus der Geschichte sagen möchte.
   - Am Ende des Briefes verabschiede ich mich. Zum Beispiel: „Viele Grüße von ...".

Wenn du den Brief an den Autor oder die Autorin der Geschichte schickst, bekommst du vielleicht eine Antwort.

Probier' es aus: Seite 22 Seite 72 Seite 122

Geschichten erfinden und erzählen

Die folgende Geschichte hat Jakob erfunden. Er hatte drei Wörter, aus denen seine Erzählung entstanden ist. Er erzählt:

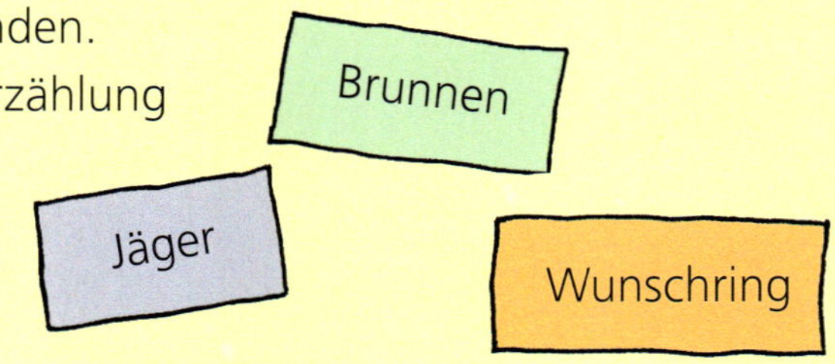

Der Wunschring

Es war einmal ein Jäger, der hatte wenig Geld. Eines Tages kam er aus dem Wald. Wieder einmal hatte er kein Tier erlegen können. Er war furchtbar durstig von der langen Jagd. So ging er zu einem Brunnen und trank einen großen Schluck. Da sah er im Wasser etwas aufblitzen. Er angelte es heraus. Es war ein Ring. Der Jäger steckte ihn an seinen Finger.

Kaum hatte er das getan, sah er, wie das Wasser bräunlich wurde und schäumte. Es verwandelte sich in Bier. Der Jäger war sehr verwundert. Er hatte sich gerade einen großen Becher Bier gewünscht. Schnell wollte er nach Hause laufen, doch da fiel er über einen Stein. Seine Hose hatte ein großes Loch und der Ring war ihm vom Finger gesprungen. Zum Glück fand er ihn aber schnell wieder. Als er ihn über den Finger streifte, wünschte er sich, seine Hose sei wieder ganz. Kaum hatte er das gedacht, war es auch schon geschehen.

Er ging nach Hause und erzählte seiner Frau die merkwürdigen Ereignisse. Sie staunte sehr über seine Geschichte.

Dann setzten sie sich an den Tisch. Es gab nur trockenes Brot, da der Jäger wieder nichts gefangen hatte. Als er aber seiner Frau den Ring auf den Finger steckte, wünschte sie sich Fleisch und Möhren und einen Pudding zum Nachtisch. Kaum hatte sie das ausgesprochen, stand der Tisch voller Speisen. Da erkannten sie, dass der Ring ein Zauberring war. Und sie mussten nie wieder Hunger haben.

Originalbeitrag

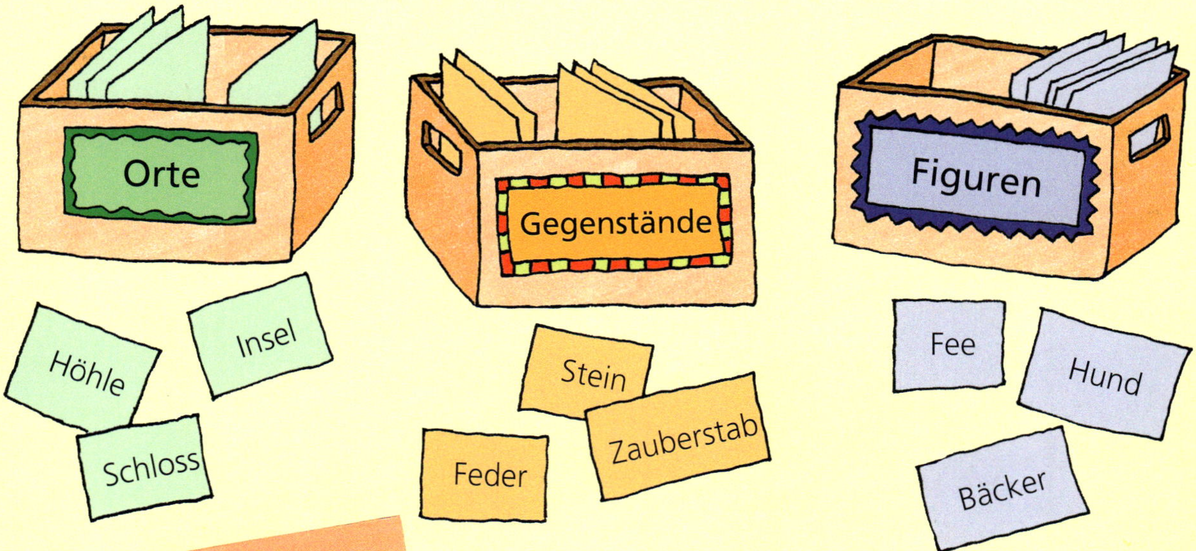

So geht's

Du kannst selbst Geschichten erfinden und erzählen.

1. Ich sammle mit meinen Mitschülern Orte, Gegenstände und Figuren, die in Geschichten vorkommen können. Wir schreiben sie auf kleine Zettel und stecken diese in drei Kästchen.

2. Ich ziehe aus jedem Kästchen ein Wort.

3. Ich überlege:
   - Was könnte in meiner Geschichte passieren?
   - Wie soll meine Geschichte aufhören?

4. Ich erzähle anderen meine Geschichte. Ich beginne die Geschichte mit „Eines Tages …" oder „Es war einmal …".

Probier' es aus: Seite 40 Seite 66 Seite 94

Gedichte schreiben: Rondel

Nikolaus Heidelbach, *Bild vom Fliegen*

Stadt

Hochhäuser

träumen

Augen

schließen

Angst

fliegen

Luft

Vater und Sohn

Ich fliege mit meinem Vater.
Ich schließe meine Augen.
Ich fliege mit meinem Vater.
Wir fliegen über die Stadt.
Ich träume von einer grünen Insel.
Mir ist kalt in der Luft.
Ich fliege mit meinem Vater.

Jonas

Ich träume.
Mein Bruder und ich fliegen davon.
Ich träume.
Ich bin ganz leicht.
Ich rieche den Schornsteingestank.
Ich habe keine Angst.
Ich träume.

Kathrin

Bauplan für ein Rondel

Ein Rondel ist ein Gedicht aus sieben Zeilen.

1. Schreibe fünf Sätze zu einem Thema auf Papierstreifen.
2. Wähle einen Satz aus, der dir besonders gut gefällt.
   Schreibe diesen Satz noch zweimal auf.
   Jetzt hast du sieben Streifen.
3. Dein Lieblingssatz bildet die erste, die dritte
   und die letzte Zeile von deinem Rondel.
   Überlege dir für die anderen Streifen eine Reihenfolge.

So geht's

Du kannst Gedichte selbst schreiben.

1. Ich überlege mir ein Thema.
   Welche Wörter fallen mir zu dem Thema ein?
2. Ich sehe mir den Bauplan an.
3. Ich schreibe mein Gedicht.
4. Ich überlege:
   Möchte ich ein Wort verändern?
5. Ich schreibe mein Gedicht ohne Fehler
   und mit schöner Schrift auf ein Blatt.

Du kannst dein Gedicht in der Klasse ausstellen.

Probier' es aus: Seite 16 Seite 103 Seite 118

Mit Sprache spielen

Buchstaben-Verwandlungs-Geschichte

Paul Maar

WORTSALAT – SORTWALAT

WUCKERZATTE

MIPFELZÜTZE

BESELUCH

Hundeleine
Zahnweh

U - Geschichte

Ein **Uhu** in übergroßer **U**nterhose
und **u**nterwegs am **U**rlaubsstrand
untersucht ein **u**ngewöhnliches **U**-Boot,
das er **u**nerwartet am **U**fer fand.

Nadia Budde

vier, Verbrecher, Versteck, verschwinden,
verkleiden, vergessen, verboten, . . .

So geht's

Du kannst mit Buchstaben, Wörtern und Sätzen spielen.

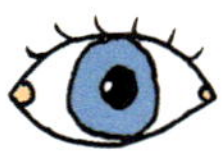

1. Ich schaue mir Spiele mit Buchstaben, Wörtern oder Sätzen genau an.
   Mit welcher Spielregel wird dort gespielt?

2. Ich nehme andere Buchstaben, Wörter oder Sätze und denke mir eigene Spiele damit aus.

3. Ich schreibe meine Ideen mit dem Computer oder mit Stiften auf.

Ihr könnt eure Sprachspiele im Klassenzimmer ausstellen oder ein Buch daraus machen.

Probier' es aus: Seite 32 Seite 36 Seite 90

Mit Schrift gestalten

Gruselett

Der Flügelflagel gaustert
durchs Wiruwaruwolz,
die rote Fingur plaustert,
und grausig gutzt der Golz.

Christian Morgenstern

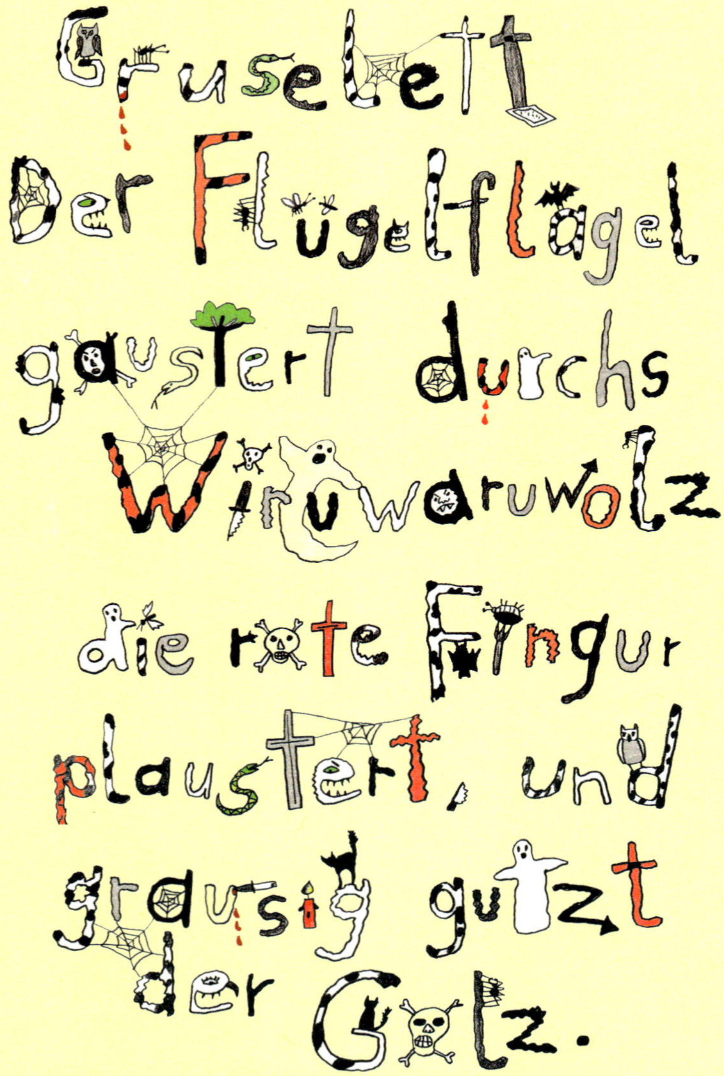

So geht's

Du kannst Schrift gestalten.

1. Ich lese den Text leise für mich.

2. Ich stelle mir vor,
   was die Wörter beschreiben.
   Welche Bilder oder Gedanken habe ich,
   wenn ich die Wörter leise für mich spreche?

3. Ich gestalte die Wörter:
   - Welche Farben möchte ich benutzen?
   - Will ich die Form und die Größe
     der Buchstaben verändern?

Du kannst die Wörter, die du besonders gestaltet hast, ausstellen.

Probier' es aus: Seite 30 Seite 49 Seite 97

Ein Buch gestalten

Das große kecke Zeitungsblatt

Herab die Straße im Galopp
kam es gelaufen, hopp, hopp, hopp,
von Weitem mir entgegen.

Allmählich wurd' es müd'. Es kroch,
es schlurfte nur, es schlich nur noch.
Und legte still sich nieder.

Da lag's wie eine Flunder platt.
Dann aber tat das Zeitungsblatt
ganz plötzlich einen Sprung.

Stieg steil empor in kühnem Flug,
wobei es ein paar Saltos schlug,
und landete dann wieder.

Da saß es nun und duckte sich.
Jetzt krieg' ich dich! – Doch es entwich
mit tausend Purzelbäumen.

Josef Guggenmos

In diesem Buch haben die Kinder das Gedicht „Das große, kecke Zeitungsblatt" von Josef Guggenmos aufgeschrieben und dazu gemalt.

So geht's

Hast du ein Gedicht gefunden,
das dir besonders gut gefällt?
Oder hast du eine Geschichte selbst geschrieben?
Dann kannst du daraus ein Buch machen.

1. Ich überlege, wie mein Buch aussehen soll:
   - Welcher Text soll auf welche Seite?
   - Wohin kommen Bilder?
   - Achtung: Auf jeder Seite müssen am linken Rand ungefähr vier Zentimeter frei bleiben!

2. Ich gestalte einzelne Blätter:
   - Ich schreibe den Text auf.
   - Ich male die Bilder.
   - Ich gestalte das Titelblatt:
     Dafür nehme ich festeres Papier oder einen Karton.
     Dann schreibe ich den Titel darauf
     und male dazu.

3. Ich mache am linken Rand
   mit dem Locher zwei Löcher.
   Ich ziehe den Faden durch die Löcher
   und binde eine Schleife.

4. Ich zeige mein Buch den anderen Kindern.

Wenn du ein kleines Buch aus einfachem Papier machen möchtest, kannst du auch mit dem Tacker die Seiten zusammenheften.

Probier' es aus: Seite 30 Seite 36 Seite 49

Zu Texten Bewegungen und Musik machen

Fröhlicher Regen

Wie der Regen tropft, Regen tropft,
an die Scheiben klopft!
Jeder Strauch ist nass bezopft.

Wie der Regen springt!
In den Blättern singt
eine Silberuhr.
Durch das Gras hin läuft,
wie eine Schneckenspur,
ein Streifen weiß beträuft.

Das stürmische Wasser schießt
in die Regentonne,
dass die überfließt
und in breitem Schwall
auf den Weg bekiest
stürzt Fall um Fall.

Und der Regenriese,
der Blauhimmelhasser,
Silbertropfenprasser,
niesend fasst er in der Bäume Mähnen,
lustvoll schnaubend in dem
herrlichen vielen Wasser.

Und er lacht mit fröhlichen weißen Zähnen
und mit kugelrunden, nassen Freudentränen.

Georg Britting

So geht's

Ihr könnt Texte mit Musik und Bewegungen gestalten.

1. Wir lesen den Text leise durch.

2. Wir probieren aus,
   welche Instrumente wir einsetzen wollen.

3. Wir überlegen:
   - Wie können wir den Text
     mit Bewegungen darstellen?
   - Welche Materialien oder Kostüme
     eignen sich dabei besonders gut?

4. Wir verteilen die Aufgaben:
   - Wer liest den Text?
   - Wer spielt welches Instrument?
   - Wer macht welche Bewegungen?

5. Wir proben unsere Darbietung.

6. Wir stellen den Text
   mit Bewegungen und Musik anderen vor.

Probier' es aus: Seite 46 Seite 106 Seite 124

Zu Texten spielen

Die goldene Gans

1. Szene

Erzähler: Es waren einmal ein Mann und eine Frau, die hatten drei Söhne. Sie liebten die beiden Älteren sehr, der Jüngste aber konnte ihnen nie etwas recht machen, was immer er auch tat. Die Brüder nannten ihn Dummling und verspotteten ihn. Eines Tages schickten die Eltern den Ältesten in den Wald, um einen Baum zu fällen. Da begegnete ihm …

Spielanweisung:
Der älteste Bruder versucht einen Baum zu fällen. Erschöpft setzt er sich hin und holt einen Kuchen und eine Flasche Limonade aus der Tasche. Da taucht ein graues Männchen auf.

Männchen: „Gib mir ein Stück von deinem Kuchen und lass mich einen Schluck von deiner Limonade trinken. Ich bin hungrig und durstig."

Ältester: „Wenn ich dir etwas gebe, habe ich selbst nicht genug."

Er wendet sich von dem Männchen ab, isst und trinkt.

2. Szene

Erzähler: Am Tag darauf schickten die Eltern ihren zweiten Sohn in den Wald.

Sie geben ihm einen ganzen Kuchen und eine Flasche Limonade mit. Als der zweite Sohn in den Wald kommt, steht das Männchen schon da.

Männchen: „Gib mir ein Stück von deinem Kuchen
und lass mich einen Schluck von deiner Limonade trinken.
Ich bin hungrig und durstig."

Zweiter Sohn: „Wenn ich dir etwas gebe, habe ich selbst nicht genug."

Er wendet sich von dem Männchen ab, isst und trinkt.

3. Szene

Erzähler: Am dritten Tag schickten die Eltern ihren jüngsten Sohn in den Wald.

Der jüngste Sohn bekommt von seinen Eltern ein Stück Brot und eine Flasche Wasser. Auch ihm begegnet im Wald das graue Männchen.

Männchen: „Gib mir ein Stück von deinem Kuchen
und lass mich einen Schluck von deiner Limonade trinken.
Ich bin hungrig und durstig."

Jüngster: „Ich habe nur Wasser und ein Stück Brot.
Aber ich will gern mit dir teilen."

Der Junge und das Männchen setzen sich auf den Waldboden und teilen die Vorräte des Jungen.

Männchen: „Siehst du den alten Baum dort? Hau ihn um!
In den Wurzeln wirst du etwas finden,
das dir Glück bringt."

Das Männchen verabschiedet sich und der Junge fällt den Baum. Zwischen den Wurzeln findet er eine Gans, die goldene Federn hat. Er hebt sie heraus und streichelt sie.

Jüngster: „Meine Eltern haben mich nicht lieb,
und meine Brüder verspotten mich.
Nun habe ich eine goldene Gans, die mir Glück
bringen soll. Ich will in die Welt ziehen
und mein Glück suchen."

4. Szene

Erzähler: So kam der Jüngste zu einem Wirtshaus.
Der Wirt hatte drei Töchter, die schauten die Gans begierig an, denn sie hätten auch gern eine goldene Feder gehabt.

Als der Junge das Wirtshaus verlassen will, fasst die älteste Tochter den Flügel der Gans an. Kaum hat sie ihn berührt, bleibt ihre Hand daran kleben. Die nächste Wirtstochter versucht ihre Schwester zu befreien. Sobald sie diese aber anfasst, bleibt auch sie hängen. So ergeht es auch der jüngsten Schwester.

Jüngster: „Ich will mir die Welt anschauen.
Wenn ihr an meiner goldenen Gans festklebt, müsst ihr eben mitkommen."

Nacheinander gesellen sich nun der Bürgermeister und seine Frau, der Bäcker, der Schornsteinfeger und mehrere Bauern zu den Wirtskindern. Alle kleben in einer Kette aneinander fest.

5. Szene

Erzähler: Der Junge wanderte weiter, bis er in eine Stadt kam. In der Stadt lebte ein König. Seine Tochter, die Prinzessin, hatte noch nie im Leben gelacht. Darüber war der König sehr traurig. Überall im Land hatte der König verkünden lassen:

König: „Wer meine Tochter zum Lachen bringt, der soll sie heiraten."

Die Königstochter sitzt auf dem Balkon ihres Schlosses. Als sie den Jungen mit der goldenen Gans und den vielen Menschen sieht, die an der Gans hängen, muss sie laut lachen.

König: „Ich habe versprochen, meine Tochter dem zur Frau zu geben, der sie zum Lachen bringt. Nun sollst du mein Schwiegersohn werden."

Erzähler: Weil der Junge nun sein Glück gefunden hatte, wurden alle wieder frei. Bevor sie heimgingen, durften sie bei der Hochzeit mitfeiern. Die goldene Gans aber flog in den Wald zurück und schlüpfte unter die Wurzeln eines dicken Baumes. Dort sitzt sie und wartet, bis einer kommt, dem sie Glück bringen kann.

nach den Brüdern Grimm

Die Rollen:
Erzähler, 3 Brüder, ihre Eltern, das graue Männchen, 3 Wirtskinder, Bürgermeister und seine Frau, Bäcker, Schornsteinfeger, Bauern, Prinzessin und König

So geht's

Ihr könnt eine Geschichte als Theaterstück aufführen.

1. Wir lesen den Text leise durch.

2. Wir überlegen:
   - Welche Personen spielen mit?
   - Welche Requisiten[1] brauchen wir zum Spielen?

3. Wir verteilen die Rollen.
   - Jeder unterstreicht die Stellen, die er spielen muss.

4. Wir überlegen und probieren aus:
   - Wie sprechen die Figuren (freundlich, ärgerlich, laut, leise ...)?
   - Welche Bewegungen passen zu den verschiedenen Rollen?

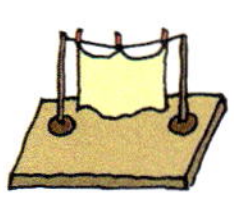

5. Wir bereiten unsere Bühne vor.

6. Wir führen unser Stück anderen vor.

[1] Requisiten sind die Gegenstände, die für das Theaterstück gebraucht werden.

Probier' es aus: Seite 22 Seite 26 Seite 68

Inhaltsverzeichnis

Sprechen, schreiben, mailen

Unterwegs sein

Wasser

Sammler der Augenblicke

Rund ums Buch

Gespenster im Nordpark

Das Lern-Mobile

Verzeichnis der Textarten

Textquellen

S. 4 Die Dschungelstadt; Originalbeitrag
S. 17 Jürg Schubiger: Zwei Stifte; aus: Armin Abmeier/R. Susanne Berner (Hrsg.), Lebens-Mittel. Was Kinder brauchen, Büchergilde Gutenberg, Frankfurt am Main, Wien und Zürich 2003
S.18 Cornelia Funke: Die Wilden Hühner; aus: Cornelia Funke, Die Wilden Hühner, Cecile Dressler Verlag GmbH & Co. KG, Hamburg 1993
S. 21 Cornelia Funke: Geheimschriften; aus: Cornelia Funke, Die Wilden Hühner. Das Bandenbuch zum Mitmachen, Cecile Dressler Verlag, Hamburg 2001
S. 22 Birte Müller: Herr Meier und Herr Müller; aus: Birte Müller, Herr Meier und Herr Müller, Michael Neugebauer Verlag, Gossau Zürich und Hamburg 2001
S. 24 Streiten und Versöhnen; Originalbeitrag
S. 25 Hanna Hanisch: Meine zweimal geplatzte Haut; aus: Hans-Joachim Gelberg (Hrsg.), Augen aufmachen, Beltz Verlag, Weinheim und Basel 1994
S. 26 Renate und Hansheinrich Lödle (Hrsg.): Ameise und Heuschrecke; aus: Renate und Hansheinrich Lödle (Hrsg.), Indonesische Märchen, Insel Verlag, Frankfurt am Main und Leipzig 1992
S. 29 Freunde; Originalbeitrag
S. 31 Hans Manz: Mitleid; aus: Gerhard Rademacher/Hermann Wacker (Hrsg.), Blätter für meinen Kalender. Gedichtsammlungen für die Grundschule, Schroedel Schulbuchverlag GmbH, Hannover 1979
S. 31 Helmut Höfling: Ö; aus: Gerhard Rademacher/Hermann Wacker (Hrsg.), Blätter für meinen Kalender. Gedichtsammlungen für die Grundschule, Schroedel Schulbuchverlag GmbH, Hannover 1979
S. 32 Paul Maar: Der Buchstaben-Fresser; aus: Paul Maar, Der Buchstaben-Fresser, Verlag Friedrich Oetinger, Hamburg 1996
S. 34 Teekesselspiel; Originalbeitrag
S. 35 Was ist denn das?; Originalbeitrag
S. 36 Nadia Budde: K-Seite; aus: Nadia Budde, Trauriger Tiger toastet Tomaten. Ein ABC. Peter Hammer Verlag, Wuppertal 2000
S. 37 Michael Ende: Ein Zauberspruch, um eine verlorene Sache wiederzufinden; aus: Gerhard Rademacher/Hermann Wacker (Hrsg.), Blätter für meinen Kalender. Gedichtsammlungen für die Grundschule, Schroedel Schulbuchverlag GmbH, Hannover 1979
S. 38 Zungenbrecher oder Schnellsprechsprüche; Originalbeitrag
S. 41 Zoran Drvonkar: Der einzige Vogel, der die Kälte nicht fürchtet, Carlsen, Hamburg 2001
S. 42 Margret Rettich: Obsternte – wie es früher war; aus: Margret Rettich, Erzähl mal, wie es früher war, Ravensburger Buchverlag Otto Maier GmbH, Ravensburg 1992
S. 46 Johann Wolfgang von Goethe: Ein großer Teich war zugefroren; aus: Johann Wolfgang von Goethe, Goethes Werke. Hamburger Ausgabe, textkritisch durchgesehen von Erich Trunz, Christian Wegner Verlag, Hamburg 1948
S. 47 Kokosbällchen; aus: Myrna Daitz/ Gillian Chapman (Hrsg.), Bommeltier und Freundschaftsbaum, Übersetzung: Elke Hochhard, Benzinger Verlag, Düsseldorf 1990
S. 48 Karneval in der Welt; Originalbeitrag
S. 49 Erwin Grosche: Hut Hut; aus: Erwin Grosche, Der Badewannen-Kapitän, Quatschgeschichten und Grübelgedichte, Deutscher Taschenbuch Verlag GmbH & Co. KG, München 2002
S. 50 Tilde Michels: Frühlings- und Osterbräuche. Vom Winter zum Sommer; aus: Tilde Michels, Im Frühling und zur Osterzeit. Geschichten und Bräuche, Edition Bücherbär im Arena Verlag GmbH, Würzburg 2002
S. 51 Tilde Michels: Eier-Wettspiele; aus: Tilde Michels, Im Frühling und zur Osterzeit. Geschichten und Bräuche, Edition Bücherbär im Arena Verlag GmbH, Würzburg 2002
S.51 Tilde Michels: Eierlaufen; aus: Tilde Michels, I m Frühling und zur Osterzeit. Geschichten und Bräuche, Edition Bücherbär im Arena Verlag GmbH, Würzburg 2002
S.52 Josef Guggenmos: Verblühter Löwenzahn; aus: spielen und lernen Jahrbuch 86, Velber Verlag, Seelze 1985
S.52 Heinz Janisch: Unterm Flieder; aus: Heinz Janisch, Ich schenk dir einen Ton aus meinem Saxofon, Jungbrunnen 1999
S. 53 Komm, lieber Mai, Melodie von Wolfgang Amadeus Mozart 1791, Text von Christian Adolf Overbeck 1775; aus: Das große Liederbuch. Mit den schönsten Kinderliedern für das ganze Jahr, Schwager & Steinlein GmbH, Kunstanstalt und Verlag, Nürnberg/Fürth 1982
S. 54 Christian Bieniek: Ein Stürmer zu viel; aus: Christian Bieniek, Ein Stürmer zu viel, Aare Verlag, Frankfurt am Main und Salzburg 1997
S.57 Bernhard Lins: Advent; aus: Bernhard Lins, Was der Winter macht, Verlag Herder, Wien 1985
S. 57 Frantz Wittkamp: Millionenfacher Schein; aus: Frantz Wittkamp, alle Tage ein Gedicht, Coppenrath, Münster 2002
S. 58 Cornelia Funke: Hinter verzauberten Fenstern; aus: Cornelia Funke: Hinter verzauberten Fenstern. Eine geheimnisvolle Adventsgeschichte, Fischer Taschenbuch Verlag GmbH, Frankfurt am Main 1995
S. 60 Nicholas Allan: Stille Nacht – eilige Nacht Gerstenberg Verlag, Hildesheim 1994
S. 63 Eduard Mörike: Die Heilige Nacht; aus: Herbert G. Göpfert (Hrsg.), Eduard Mörike, Sämtliche Werke, Carl Hanser Verlag, München 1964
S. 64 Hans Arp: Märchen; aus: Hans Arp, Gesammelte Geschichten, Arche Verlag, CH-Zürich 1963
S. 65 Klaus W. Hoffmann: Das Märchenschiff; aus: Klaus W. Hoffmann, Wenn der Elefant in die Disco

geht. Geschichten- und Märchenlieder zum Singen, Tanzen und Spielen, Igel Records, Aktive Musikverlagsgesellschaft, Dortmund 1983
S. 66 Märchenlandschaft; Originalbeitrag
S. 68 Brüder Grimm: Die Wassernixe; aus: Brüder Grimm, Kinder- und Hausmärchen, Philipp Reclam jun. GmbH & Co., Stuttgart 1999
S. 72 Neil Philip (nacherzählt): Die Seele und das Herz des Wals; aus: Neil Philip (nacherzählt), Märchen aus aller Welt, Dorling Kindersley Verlag GmbH, München 2001
S. 74 Peter Härtling: Sechs Sätze für Fabian; aus: Kinder sehen dich an. Die schönsten Kinderbilder von Tizian bis Picasso, DuMont Literatur und Kunst Verlag, Köln 2004
S. 75 Schulgeschichten von früher; Originalbeitrag
S. 76 Schulregeln aus der Zeit um 1900; Originalbeitrag
S. 77 Klassenregeln heute; Originalbeitrag
S. 78 Astrid Lindgren: Astrid Lindgren erzählt von ihrer Kindheit; aus: Astrid Lindgren/Margareta Strömstedt/ Jan-Hugo Norman: Mein Småland
© Verlag Friedrich Oetinger, Hamburg 1988
S. 79 Astrid Lindgren: Wenn wir von der Schule nach Hause gehen; aus: Astrid Lindgren, Die Kinder aus Bullerbü, Verlag Friedrich Oettinger, Hamburg 1988
S. 82 Heinrich Herlyn: Peitschenkreisel; aus: Heinrich Herlyn, Der Kreisel. Spielerische Aufgaben zum gleichnamigen Stück von Georges Bizet, In: Musik in der Grundschule 2/99
S. 83 Felix Binder: Himmel und Hölle; aus: Felix Binder, Heißa, hopsa, Kinderspiel, Freiburg im Breisgau 2003
S. 84 Herbert Günther: Von Großvaters Kindheit; aus: Herbert Günther, Herbert Günther erzählt von Großvaters Kindheit, Verlag Friedrich Oetinger, Hamburg 1994
S. 87 Margret Klare: Wörtertauschen; aus: Margret Klare, In Wolken wickelt sich das Schaf. Lauter Gedichte, Peter Hammer Verlag, Wuppertal 2003
S. 88 Miteinander sprechen; Originalbeitrag
S. 89 Hans Manz: Gespräch über die Stadt; aus: Hans-Joachim Gelberg (Hrsg.), Großer Ozean. Gedichte für alle, 2000 Beltz Verlag, Weinheim und Basel; Programm Beltz & Gelberg, Weinheim
S. 90 Tonella vom Telefon; Originalbeitrag
S. 91 Telefon und Handy; Originalbeitrag
S. 91 Peter Behncke: Keine ist wie du; aus: Anton Leitner (Hrsg.), SMS-Lyrik, 160 Zeichen Poesie, dtv, Reihe Hanser, München 2002
S. 91 Robert Gernhardt: Mondgedicht; aus: Anton Leitner (Hrsg.), SMS-Lyrik, 160 Zeichen Poesie, dtv, Reihe Hanser, München 2002
S. 92 Toon Tellegen/Axel Scheffler: Briefe von Krähe und Sperling; aus: Toon Tellegen/Axel Scheffler, Briefe vom Eichhorn an die Ameise, Deutscher Taschenbuchverlag GmbH & Co. KG, München 2003
S. 94 Storym@iling; Originalbeitrag
S. 97 Doris Mühringer: In der Stadt; aus: Die Stadt der Kinder, Beltz & Gelberg
S.98 Vincent Cuvellier: Die Busfahrerin; aus: Vincent Cuvellier, Die Busfahrerin, Verlag Jungbrunnen, Wien und München 2003
S. 100 Wir gehen auf Klassenfahrt; Originalbeitrag
S. 103 Jürgen Spohn: Haustiere aus Blech (Originaltitel: Käfer); aus: Ach so. Ganzkurzgeschichten und Wünschelbilder, Bertelsmann, München 1982
S. 104 Mobilität in aller Welt; Originalbeitrag
S. 106 Johann Wolfgang von Goethe: Das Wassertröpflein; aus: Erich Trunz (Hrsg.), Goethes Werke. Hamburger Ausgabe in 14 Bänden, Christian Wegner Verlag, Hamburg 1948
S. 107 Elfchen; Schülerbeiträge
S. 108 Claudia Haas/Sigrid Schießer/Astrid Wahrenberg: In der Kläranlage; aus: Claudia Haas/Sigrid Schießer/Astrid Wahrenberg, Das Wasserbuch. Wissen und Spaß für kleine Wasserforscher, Patmos Verlag GmbH & Co. KG, Düsseldorf 2004
S. 110 Wenn Wasser krank macht, aus: Schul- und Jugendzeitschrift FLOH-Kiste
S. 112 Otfried Preussler: Der kleine Wassermann; aus: Otfried Preussler, Der kleine Wassermann, Thienemann Verlag Stuttgart und Wien 1956
S. 116 Sven Nordqvist: So baut man ein Wasserrad; aus: Sven Nordqvist, Mit Findus durchs ganze Jahr, Verlag Friedrich Oetinger, Hamburg 1999
S. 117 Claudia Haas/Sigrid Schießer/Astrid Wahrenberg: Wasserorgel; aus: Claudia Haas/Sigrid Schießer/Astrid Wahrenberg, Das Wasserbuch. Wissen und Spaß für kleine Wasserforscher, Patmos Verlag GmbH & Co. KG, Düsseldorf 2004
S. 117 Claudia Haas/Sigrid Schießer/Astrid Wahrenberg: Bootsregatta für zwei bis drei; aus: Claudia Haas/Sigrid Schießer/Astrid Wahrenberg, Das Wasserbuch. Wissen und Spaß für kleine Wasserforscher, Patmos Verlag GmbH & Co. KG, Düsseldorf 2004
S. 119 Quint Buchholz: Der Sammler der Augenblicke; aus: Quint Buchholz, Der Sammler der Augenblicke, Carl Hanser Verlag, München und Wien 1997
S. 120 Frantz Wittkamp: Findlinge; aus: Frantz Wittkamp, Ich glaube, daß du ein Vogel bist. Verse und Bilder, Beltz Verlag, Weinheim und Basel 1990
S. 121 Ernst Jandl: Oktobernacht; aus: Evelyne Polt-Heinzl/Christine Schmidtjell (Hrsg.), Herbstgedichte, Reclam, Ditzingen 2001
S. 122 Toon Tellegen: Briefe unter dem Morast; aus: Toon Tellegen, Briefe vom Eichhorn an die Ameise, Deutscher Taschenbuchverlag, München 2003
S. 124 Jean de la Fontaine: Die Grille und die Ameise; aus: Rolf Mayr (Hrsg.), Jean de la Fontaine, Die Fabeln. Gesamtausgabe, Eugen Diederichs Verlag, Düsseldorf 1964
S. 125 Figuren-Schattenspiel; Originalbeitrag
S. 126 Joseph von Eichendorff: Wünschelrute; aus: Walter Hinck (Hrsg.), Schläft ein Lied in allen Dingen, Insel Verlag, 1985
S. 127 Peter Maiwald: Der Wortmacher; aus: Hans-Joachim Gelberg (Hrsg.), Grosser Ozean, Beltz & Gelberg Verlag, Weinheim und Basel 2000
S. 128 Marliese Arold: Wie ich zum Bücherschreiben gekommen bin, Originalbeitrag Marliese Arold
S. 129 Marliese Arold: Schrubber und die Hühnergang; aus: Marliese Arold, Schrubber und die Hühnergang, © 1999 by Loewe Verlag, Bindlach
S. 130 Marliese Arold: Lisa und Finn auf Drachensuche;

aus: Marliese Arold, Lisa und Finn auf Drachensuche, Erika Klopp Verlag, Hamburg 2002
S. 132 Hannas Lesetagebuch; Originalbeitrag
S. 136 Gespenster im Nordpark; Originalbeitrag
S. 146 Dagmar Binder (verändert): Salz, das weiße Gold; aus: Die Kinder–Zeitschrift für Schule und Freizeit Mücke 2/1990, Universum Verlagsanstalt, Wiesbaden
S. 148 Klaus Ruhl (Hrsg.): Die Maus geht zum Markt; aus: Klaus Ruhl (Hrsg.), »spielen und lernen«-Jahrbuch für Kinder 1995, © 1994 Velber Verlag, Seelze
S. 150 Paul Maar: Der tätowierte Hund; aus: Paul Maar, Der tätowierte Hund, Rowohlt Taschenbuch Verlag, Reinbek und Hamburg 1997
S. 152 Anne Steinwart: Ein Vogel und ich; © bei der Autorin
S. 154 Jutta Richter: An einem großen stillen See; aus: Jutta Richter, Susanne Jansen, An einem großen stillen See, Hanser 2003
S. 156 Der Wunschring; Originalbeitrag
S. 158 Rondel; Originalbeiträge
S. 161 Nadia Budde: U-Geschichte; aus: Nadia Budde, Traurige Tiger toasten Tomaten. Ein ABC. Peter Hammer Verlag, Wuppertal 2000
S. 162 Christian Morgenstern: Gruselett; aus: Jochen Hering (Idee und Auswahl), Vorhang auf – Gedichte, © Pädagogik – Kooperative Bremen, Bremen 1990
S. 164 Josef Guggenmos: Das große kecke Zeitungsblatt; aus: Hans-Joachim Gelberg (Hrsg.), Die Stadt der Kinder, 1969 Beltz Verlag, Weinheim und Basel; Programm Beltz & Gelberg, Weinheim
S. 166 Georg Britting: Fröhlicher Regen; aus: Georg Britting, sämtliche Werke, Band 2, S.54 List-Verlag 1987–1996 München
S. 168 Die goldene Gans; Originalbeitrag nach den Brüdern Grimm

Bildquellen

S. 16 Keith Haring, Ohne Titel 1986, The Estate of Keith Haring, New York (Foto: Ivan Dalla Tana)
S. 18/19 aus: Cornelia Funke, Die Wilden Hühner, © Cecile Dressler Verlag, Hamburg
S. 20 Cover: Cornelia Funke, Die wilden Hühner, © Cecile Dressler, Hamburg
S. 21 Cover: Cornelia Funke, Die wilden Hühner – Das Bandbuch zum Mitmachen © Cecile Dressler Verlag, Hamburg
S. 22/23 aus: Birte Müller, Herr Meier und Herr Müller, © 2001 Nord Süd Verlag AG, Gossau/Zürich/Schweiz
S. 30 ABC, © Hermann Krekeler
S. 32/33 aus: Paul Maar, Der Buchstabenfresser © Verlag Friedrich Oetinger, Hamburg
S. 36 aus: Nadja Budde, Trauriger Tiger toastet Tomaten, Peter Hammer Verlag, Wuppertal 2000
S. 36 Cover: Nadja Budde, Trauriger Tiger toastet Tomaten, Peter Hammer Verlag, Wuppertal 2000
S. 40/41 aus: Zoran Drvenkar/Martin Baltscheit, Der einzige Vogel, der die Kälte nicht fürchtet © Carlsen Verlag GmbH, Hamburg 2001
S. 42 (oben) Bildarchiv Preußischer Kulturbesitz/Herbert Werner Gewande
S. 42 (unten) Ullstein Bilderdienst, Berlin
S.43 Scherl/Süddeutscher Verlag-Bilderdienst, München
S. 44/45 aus: Apfel, Nuss und Schneeballschlacht. Gesammelt und illustriert von Rotraut Susanne Berner © 2001 Gerstenberg Verlag, Hildesheim
S. 46 Foto Eiszapfen, Christoph & Friends, Essen (Jörn Sackermann/Das Fotoarchiv)
S. 47 Foto Kokosbällchen aus: Myrna Daitz/Gillian Chapman (Hrsg.), Bommeltier und Freundschaftsbaum, Übersetzung: Elke Hochhard, Benzinger Verlag, Düsseldorf 1990
S. 48 Foto Karneval in Venedig, Christoph & Friends, Essen (Otto Stadler/Das Fotoarchiv)
S. 48 Foto Karneval in Rio de Janeiro, Superbild, München (Haga)
S. 51 Cover: Tilde Michels, Im Frühling und zur Osterzeit © 2002 by Edition Bücherbär im Arena Verlag GmbH, Würzburg
S. 55 Cover: Christian Bieniek, Ein Stürmer zu viel, Aare Verlag, Frankfurt am Main und Salzburg 1997
S. 56 Henri Matisse, Weihnachtsabend, 1952, © 2004, Digital image, The Museum of Modern Art, New York/Scala, Florence und © Succession H. Matisse/VG Bild-Kunst, Bonn 2004
S. 59 Cover: Cornelia Funke, Hinter verzauberten Fenstern. Eine geheimnisvolle Adventsgeschichte, Fischer Taschenbuch Verlag GmbH, Frankfurt am Main 1995
S. 60–62 aus: Nicholas Allan, Stille Nacht – eilige Nacht, Gerstenberg Verlag, Hildesheim 1994
S. 64 Ekta-Klee, (Nächtliche Blume oder) Versunkene Landschaft, 1918, 65 © VG Bild-Kunst, Bonn 2004 – Paul Klee – Versunkene Landschaft, 1918, 65; 17,6 x 16,3 cm; Aquarell, Gonache und Ferder auf Papier; Museum Folkwang Essen
S. 70/71 Rotraut Susanne Berner, Märchenstunde, Beltz & Gelberg in der Verlagsgruppe Beltz, Weinheim & Basel 1998
S. 73 Illustration © Nilesh Mistry, aus: Märchen aus aller Welt © 2001 by Dorling Kindersly Verlag GmbH, München
S. 73 Cover: Märchen aus aller Welt © 2001 by Dorling Kindersly Verlag GmbH, München
S. 74 „Nach der Schule", Gemälde von Ferdinand Georg Waldmüller, 1841, © Bildarchiv Preußischer Kulturbesitz, Berlin 2004; Foto: Jörg P. Anders, Nationalgalerie
S. 78 aus: Astrid Lindgren/Margareta Strömstedt/Jan-Hugo Norman, Mein Småland © Verlag Friedrich Oetinger, Hamburg 1988
S. 80 aus: Astrid Lindgren, Die Kinder aus Bullerbü, Verlag Friedrich Oetinger, Hamburg 1988
S. 81 Cover: Astrid Lindgren, Die Kinder aus Bullerbü, Verlag Friedrich Oetinger, Hamburg 1988
S. 82 Kinder hüpfen Himmel und Hölle, Ullsteinbild,

Berlin
S. 83 Peitschenkreisel, Ullsteinbild, Berlin
S. 86 Ekta – 1 Serigrafie aus der Veröffentlichung (Kassette) „Interaction of color" von Josef Albers, 1963; Bauhaus-Archiv Berlin (Foto: Markus Hawlik) und © The Josef and Anni Albers Foundation/VG Bild-Kunst, Bonn 2004
S. 92/93 aus: Toon Tellegen, Briefe vom Eichhorn an die Ameise, Mit farbigen Bildern von Axel Scheffler, Aus dem Niederländischen von Mirjam Pressler, © 2001 Carl Hanser Verlag, München – Wien
S. 96 Illustration „Mobilität" von 1999, Katharina Tscherner, Würzburg
S. 99 Cover: Vincent Cuvellier/Candice Hayat, Die Busfahrerin © 2003 by Verlag Jungbrunnen, Wien und München
S. 104 Foto Finnland, Rentierschlitten, Superbild, München (Walsh-Bach)
S. 104 Foto S-Bahn, Stuttgarter Straßenbahnen AG (SSB)
S. 104 Foto Venedig, Schapowalow, Bildagentur, Hamburg (Cora)
S. 105 Foto Flugzeug, Schapowalow, Bildagentur, Hamburg (Reichelt)
S. 105 Foto Kind mit Kamelen in Algerien, bei Touggourt, Christoph & Friends, Essen (Frans Lemmens/ Das Fotoarchiv)
S. 106 Claude Monet, Seerosen, 1916–1923; Bildarchiv Steffens, Mainz/Bridgeman Art Library/Musée Marmottan, Paris
S. 108/109 aus: Claudia Haas/Sigrid Schießer/Astrid Wahrenberg, Das Wasserbuch. Wissen und Spaß für kleine Wasserforscher, Patmos Verlag GmbH & Co. KG, Düsseldorf 2004
S. 110 Foto Ghana, Kind am Brunnen, laif, Köln (Huber)
S. 111 Foto Eritrea – am Brunnen, Christoph & Friends, Essen (Charlotte Thege/Das Fotoarchiv)
S. 111 Cover: Schul-Jugendzeitschrift FLOH, Heft 19/2000, Domino Verlag, München
S. 115 Cover: Otfried Preussler, Der kleine Wassermann, Thienemann Verlag Stuttgart und Wien 1956
S. 116 aus: Sven Nordqvist, Mit Findus durchs ganze Jahr, Verlag Friedrich Oetinger, Hamburg 1999
S. 117 Cover: Claudia Haas/Sigrid Schießer/Astrid Wahrenberg, Das Wasserbuch. Wissen und Spaß für kleine Wasserforscher, Patmos Verlag GmbH & Co. KG, Düsseldorf 2004
S. 118 aus: Quint Buchholz, Der Sammler der Augenblicke © 1997 Carl Hanser Verlag, München – Wien
S. 119 Cover: Quint Buchholz, Der Sammler der Augenblicke © 1997 Carl Hanser Verlag, München und Wien
S. 120 aus: Frantz Wittkamp, Ich glaube, daß du ein Vogel bist. Verse und Bilder, Beltz Verlag, Weinheim und Basel 1990
S. 122/123 aus: Toon Tellegen, Briefe vom Eichhorn an die Ameise, Mit farbigen Bildern von Axel Scheffler, Aus dem Niederländischen von Mirjam Pressler, © 2001 Carl Hanser Verlag, München – Wien
S. 123 Cover: Toon Tellegen, Briefe vom Eichhorn an die Ameise, Mit farbigen Bildern von Axel Scheffler, Aus dem Niederländischen von Mirjam Pressler, © 2001 Carl Hanser Verlag, München – Wien
S. 126 aus: Colin Thompson, Bücher öffnen Welten, © 2001 Lappan Verlag
S. 128 © Marliese Arold, Erlenbach a.Main
S. 129 Cover: Marliese Arold, Schrubber und die Hühnergang, © 1999 by Loewe Verlag, Bindlach
S. 131 Cover: Marlise Arold, Lisa und Finn auf Drachensuche; © Erika Klopp Verlag, Hamburg 2002
S. 132 Cover: Marlise Arold, Lisa und Finn retten die Ritterburg, © Erika Klopp Verlag, Hamburg 2003
S. 133-135 aus: Marliese Arold, Lisa und Finn retten die Ritterburg, © Erika Klopp Verlag, Hamburg 2003
S. 140 Cover: Joachim Friedrich/Heribert Schulmeyer, Mein bester Freund und die Gespenster, Thienemann Verlag, Stuttgart/Wien 2003
S. 142 Cover: Oscar Wilde, Das Gespenst von Canterville, © Cecile Dressler Verlag, Hamburg
S. 145 Cover: Otfried Preußler, Das kleine Gespenst, K. Thienemanns Verlag Stuttgart 1966
S. 145 Cover: Achim Bröger, Schulgespenster, © Omnibus Verlag, München 1999
S. 145 Cover: Marliese Arold, Gespensterpark. Die Geheimtür zur Geisterwelt, Verlag Friedrich Oetinger, Hamburg 2002
S. 145 Cover: Cornelia Funke, Kleiner Werwolf, Fischer Taschenbuchverlag, Frankfurt am Main 1999
S. 145 Cover: Cornelia Funke, Gespensterjäger, Fischer Taschenbuchverlag, Frankfurt am Main 2001
S. 146 Salzgewinnung untertage, picture-alliance/dpa (Bernd Hanselmann), Frankfurt/Main
S. 146 Salzgewinnung aus Meerwasser, Corbis (Bob Krist), Düsseldorf
S. 151 aus: Paul Maar, Der tätowierte Hund, Verlag Friedrich Oetinger, Hamburg 2000
S. 154 aus: Jutta Richter, An einem großen stillen See, Mit Illustrationen von Susanne Jansen, 2003 Carl Hanser Verlag, München – Wien
S. 154 Cover: Jutta Richter, An einem großen stillen See, Mit Illustrationen von Susanne Jansen, 2003 Carl Hanser Verlag, München – Wien
S. 158 Zeichnung von Nikolaus Heidelbach aus: „Kinderparadies", Nikolaus Heidelbach, Köln
S. 160 aus: Paul Maar, Onkel Florians fliegender Flohmarkt, © Verlag Friedrich Oetinger, Hamburg
S. 161 aus: Nadia Budde, Trauriger Tiger toastet Tomaten, Peter Hammer Verlag, Wuppertal 2000

Herausgegeben von
Prof. Dr. Annegret von Wedel-Wolff, Bremen
Prof. Dr. Manfred Wespel, Schwäbisch Gmünd

Erarbeitet von
Claudia Crämer, Göppingen
Annette Graf, Waiblingen
Dr. Stephanie Jentgens, Wuppertal
Dr. Kathrin Waldt, Hannover

Unter Verwendung
einzelner Ideen aus dem Mobile 3 Lesebuch,
Ausgabe Bayern (erarbeitet von Heidi Grunert,
Margit Lermer, Saskia Gampenrieder, Gerhard Langer)

Unter Beratung von
Franz Hecking, Neuwied

Illustrationen von
Birgit Antoni, Wien
Merle Bormuth-Bechtold, Lana
Antje Damm, Nürnberg
Wilfried Gebhard, Maulbronn
Antje Kahl, Berlin
Oda Ruthe, Braunschweig

Fotos von
Klaus G. Kohn, Braunschweig

Zum Lesebuch **Mobile 3** gehören:

Schülerband, 184 Seiten, ISBN 978-3-14-12 0223-6
Lehrermaterial, ISBN 978-3-14-19 0223-5
Kopiervorlagen, 80 Seiten, ISBN 978-3-14-19 0226-6
Ordner mit Register, kostenlos, ISBN 978-3-14-19 5000-7

Dieses Werk folgt der reformierten Rechtschreibung und Zeichensetzung 2006.
Ausnahmen bilden Texte, bei denen künstlerische, philologische oder lizenzrechtliche Gründe einer Änderung entgegenstehen.

Druck A⁶ / Jahr 2011
Alle Drucke der Serie A sind im Unterricht parallel verwendbar.

Redaktion: Ruth Mühlenhoff
Layout und Herstellung: Annette Henko
Umschlaggestaltung: Thomas Schröder
Druck und Bindung: westermann druck GmbH, Braunschweig

ISBN 978-3-14-**120223**-6